OWN

历 史，是 昨 天 的 事 实

量化经济史经典译丛　　　　　　总主编　曾咏梅　白彩全　冯晨

〔美〕乔舒亚·L.罗森布卢姆 (Joshua L. Rosenbloom)　　主编

Quantitative Economic —————
History

易　行　汪元盛　张屿涵　王　维　译

The Good of Counting

量化经济史 ————————

统计的作用

社会科学文献出版社
SOCIAL SCIENCES ACADEMIC PRESS (CHINA)

OWN

历史，是昨天的事实

主编简介

乔舒亚·L. 罗森布卢姆（Joshua L. Rosenbloom）

堪萨斯大学经济学教授、副教务长（负责科研与研究生教学），美国国家经济研究局助理研究员。出版专著 1 部，发表关于美国经济史的论文 40 多篇。

主要作者简介

塞缪尔·艾伦（Samuel Allen）

弗吉尼亚军事学院助理教授，在加州大学戴维斯分校完成了为期两年的博士后研究。2006年，因论文《工伤赔偿的经济学与政治学分析：1930~2000年》获得国家社会保险研究院颁发的约翰·海因茨社会保险最佳论文奖。

杰里米·阿塔克（Jeremy Atack）

范德堡大学经济学和历史学教授，美国国家经济研究局助理研究员。在印第安纳大学读研究生时，曾在弗雷德·贝特曼与托马斯·韦斯合著《可悲的稀缺》（*A Deplorable Scarcity*）一书的过程中担任研究助理，与弗雷德·贝特曼和托马斯·韦斯合作发表多篇关于制造业盈利能力和蒸汽动力扩散的论文。

弗雷德·贝特曼（Fred Bateman）

佐治亚大学尼古拉斯·A.比德尔斯（Nicholas A. Beadles）经济学教授，曾任印第安纳大学商业经济学教授。与托马斯·韦斯合著《可悲的稀缺》，合作发表了多篇关于19世纪制造业的论文，并合作完成了多项国家科学基金会（NSF）项目。与杰里米·阿塔克合著《在自己的土地上》（*To Their Own Soil*），同时为《剑桥美国经济史》（*Cambridge Economic History of the United States*）撰写了关于美国北部各州农业发展的两个章节。

路易斯·凯恩（Louis Cain）

芝加哥洛约拉大学经济学教授，西北大学兼职经济学教授，芝加哥大学人口经济学中心代理研究主任。目前的研究重点是美国战前的企业家精神、芝加哥在"大火事件"（the Great Fire）前的经济增长、城市死亡率的诅咒以及城市死亡率与城市卫生支出的关系。

李·A. 克雷格（Lee A. Craig）

北卡罗来纳州立大学经济学校友特聘（Alumn Distinguished）教授，马萨诸塞州剑桥市国家经济研究局的研究员和经济学家，经济史协会和量化经济史学会理事，出版专著4部，发表论文多篇。

约翰·埃尔米什（John Ermisch）

埃塞克斯大学社会和经济研究所经济学教授，英国科学院院士，《人口经济学杂志》合作编辑，曾任欧洲人口经济学会主席。出版专著3部，并在经济和人口学期刊上发表大量论文。

普赖斯·菲什巴克（Price Fishback）

亚利桑那大学弗兰克与克拉拉·克莱默（Frank and Clara Kramer）经济学教授，美国国家经济研究局助理研究员。与肖恩·坎特合著《福利国家的前奏：工伤赔偿的起源》（*A Prelude to the Welfare State: The Origins of Workers Compensation*），获得美国教师退休基金会（TIAA-CREF）研究所颁发的保罗·萨缪尔森优秀奖和普林斯顿大学劳资关系科颁发的理查德·A.莱斯特奖。

迈克尔·R. 海恩斯（Michael R. Haines）

科尔盖特大学（纽约州汉密尔顿市）班菲·文森特（Banfi Vintners）杰出经济学教授，美国国家经济研究局助理研究员。担任大学间政治和社会研究联合会理事会成员，社会科学史协会财务主管。出版专著3部，发表论文几十篇。

丽贝卡·霍姆斯（Rebecca Holmes）

亚利桑那州凤凰城盐河项目电力公司首席经济学家。2004年，因《进步主义时代国家劳动法规对制造业投入需求的影响》获得北美经济史上艾伦·内文斯（Alan Nevins）最佳论文奖。

马修·T. 霍尔特（Matthew T. Holt）

普渡大学农业经济系教授与威克瑟姆（Wickersham）卓越农业研究主席，美国农业协会董事会成员，曾任《美国农业经济杂志》和《商业与经济统计杂志》副主编。

罗伯特·A. 马戈（Robert A. Margo）

波士顿大学经济学和非裔美国人研究教授，美国国家经济研究局助理研究员。《经济史探索》编辑，担任《经济史杂志》、《美国经济评论》和《经济学季刊》等知名期刊的编委。出版专著4部，并发表了100多篇论文和书评。

艾莉丝·罗泰拉（Elyce Rotella）

印第安纳大学经济学教授，主要研究方向是美国女性劳动力经济史、历史上普通民众的借贷和支出，以及城市人口死亡率与城市在环境卫生方面的支出之间的关系。

乔舒亚·L. 罗森布卢姆（Joshua L. Rosenbloom）

堪萨斯大学经济学教授、副教务长（负责科研与研究生教学），美国国家经济研究局助理研究员。出版专著1部，发表关于美国经济史的论文40多篇。

格里高利·W. 斯图斯（Gregory W. Stutes）

明尼苏达州立大学经济学副教授、经济教育中心（Center for Economic Education）主任。

译者简介

易　行　湖北恩施人，山东大学经济研究院博士研究生，主要从事环境经济学、能源经济学和经济史研究。

汪元盛　湖北宜昌人，南开大学金融学院硕士研究生，主要从事金融学、科技创新管理和经济史研究。

张屿涵　河南商丘人，山东大学经济研究院硕士研究生。

王　维　江西宜春人，山东大学经济研究院博士研究生，主要从事环境经济学、能源经济学和经济史研究。

致　谢

　　感谢杰里米·阿塔克、弗雷德·贝特曼、路易斯·凯恩、李·克雷格、约翰·埃尔米什、普赖斯·菲什巴克、迈克尔·海恩斯和罗伯特·马戈，他们在本书编著过程中所发挥的作用远远超过了他们所撰写的章节，他们提供了非常宝贵的鼓励、建议和编辑协助。感谢约瑟夫·西西里在堪萨斯大学举办会议的过程中所提供的帮助，以及莉亚·威尔士为解决会议中的后勤问题所做出的努力。最后，还要感谢堪萨斯大学经济系和罗伯特·海门威校长在会议费用方面所提供的帮助。

目　录

前　言

　　本书源于 2006 年 4 月在堪萨斯州劳伦斯市堪萨斯大学举行的一次纪念托马斯·韦斯（Thomas Weiss）的会议。参加会议的人包括韦斯的学生及其合作者。他们与韦斯一样，都是使用量化的方法来探索经济和社会史价值的主要支持者。

　　托马斯·韦斯，也就是朋友们眼中的汤姆，在他的家乡纽约州波基普西市周边的高尔夫球场上练就了一双善于发现的眼睛。汤姆发现高尔夫球场上的视角与经济学原理中的视角并没有什么不同，于是，利用自己在高尔夫球场上的技巧，他获得了圣十字会（Holy Cross）的奖学金。大学毕业后，汤姆放弃了参加职业高尔夫球（PGA）巡回赛的机会，转而进入北卡罗来纳大学教堂山分校深造，并于 1967 年获得了博士学位[1]。汤姆在教堂山分校遇到了他的朋友，也是他后来的长期合作者，曾与威廉·帕克一起在教堂山分校工作的弗雷德·贝特曼。

　　虽然汤姆错过了量化经济史革命的序幕，但他目睹并亲身参与了其中的许多战役。量化经济史在研究过程中以经济理论为依据，采用定量证据更好地去理解该证据出现的历史背景。在他的职业生涯中，韦斯实现了认真地关注历史背景和创新性地使用定量证据来推进对美国经济发展的理解这两个理想。

在导师罗伯特·盖尔曼的带领下，韦斯在构建一系列多样化的数据库方面做出了重要贡献，这些数据是帮助我们理解美国经济发展的基础。这些贡献来自他对 1840~1900 年美国服务业部门的资本、劳动力和产出进行测度的论文。这项工作目前仍然是衡量其他类似历史的基准。

韦斯研究的基础是美国人口普查所收集的大量数据。然而，19 世纪政府官员所收集的数据类型很少能与 20 世纪经济学家所研究的经济活动的框架相吻合，特别是盖尔曼的导师西蒙·库兹涅茨所开发的国民收入和产出账户。采取方法来填补缺失的数据，并使不同年份的数据尺度保持一致，这需要对细节的关注和大量的想象力，而这两种品质在韦斯的工作中都表现得非常明显。

在对服务业部门进行研究的基础上，韦斯对计算劳动力投入方面产生了浓厚的兴趣，并对 19 世纪美国劳动力投入及其部门分布的测度做出了重要贡献。在斯坦利·莱伯戈特研究的基础上，韦斯重新核查了人口普查数据，更准确地测度了劳动力在不同部门之间的分配状况，这种对早期估计结果的修正重新解释了 19 世纪美国的经济增长。具体而言，他发现农业部门的劳动力数量被高估了，尤其是在 19 世纪早期，而将这些多出的劳动力从农业部门重新分配到其他部门，会提升对 19 世纪初美国农业劳动生产率的估值，这将降低后面年份的农业增长率。这一发现又一次修正了对美国农业发展速度的思考。虽然这种艰苦的研究并不总能成为头条新闻，但这些基本数据序列是许多其他研究的基础，正确的细节修正显得非常重要。

除了对理解美国经济发展的统计基础做出了贡献外，韦斯还对如何解释这种发展的各种争论做出了贡献。他与贝特曼一起收集了 19 世纪制造业普查手稿中的部分微观样本数据[2]。贝特曼和韦斯收集了一个具有代表性的制造业企业样本特征数据集，它提供了丰富的横截面证据，使贝特曼和韦斯能够对美国南北战争前南北地区工业化进程的差异进行深入分析，并为奴隶制对南方经济进程的影响提供了新的线索。贝特曼和韦斯为那些认为战前南方人对农耕生活方式的投入是非理性的学者和那些认为能够通过发挥区域比较优势进行资源有效配置的学者重新开辟了一条理论和经验道路。

随后，韦斯与他在堪萨斯大学的长期合作伙伴乔舒亚·罗森布卢姆以及贝特曼的两个学生杰里米·阿塔克和李·克雷格合作撰写了大量论文，主题包括但不限于农业劳动生产率、营养、死亡率、美国资本市场、蒸汽动力的扩散和殖民地经济增长。最近，韦斯将研究主题转移到旅游经济史上，这在一定程度反映了他对休闲的乐趣，即旅游、美酒和美食。

韦斯对经济史的贡献远远超出了他自己的研究范围。作为一名教师和同事，他总能以各种方式教导和启发他人。在堪萨斯大学，他的许多学生都回忆说，他的课程是他们的学习生涯中要求最高同时也是收获最大的部分。无论他教授的是经济学导论还是经济史课程，韦斯总能设法找到吸引学生的方法，并教他们如何将经济学理论应用于解决现实世界的问题，以及阐述自己对经济理论和历史的见解。在堪萨斯大学的那几年里，他作为任课教师享有的声誉无人能及。有一次，韦斯、克雷格、罗森布卢姆和其他几位量化经济史学家去俄亥俄州牛津市的一家酒吧，他们设法加入了从另一个学校来访的女子排球队成员的聚会。不可思议的是，其中一位年轻女性从她的一位朋友那里得知韦斯在课堂上的精彩表现，因为她的朋友曾上过他的一堂课。

韦斯高标准的学术研究要求（学术水平）和慷慨的精神使他获得了许多荣誉和认可。托马斯·韦斯曾担任《经济史杂志》的编辑、美国经济史协会的执行秘书和主席以及学会的理事，他长期担任美国国家经济研究局的助理研究员，是著名的计量历史学"能人"。

所有有机会与韦斯密切合作的人都知道他们自己是多么幸运。因为他能够将严谨的学术研究和充满乐趣的生活结合起来，享受美食、美酒和异国旅行，为所有学者树立了榜样。

注 释

1. 韦斯在"托马斯·韦斯访谈"中描述了他研究经济史的决定，《计量历史学会通讯》(*The Newsletter of the Cliometric Society*)（2002，第 17 卷，第 2 期）。

2. 詹姆斯·福斯特（James Foust）也参与了这些数据的收集，却没有参与后续分析工作。贝特曼的学生杰里米·阿塔克最初作为研究生也参与了这一项目，并在后来将这一数据的收集工作扩展到了一些战后的制造业普查中。

1

导论：
统计的作用

乔舒亚·L. 罗森布卢姆

Joshua L. Rosenbloom

博斯韦尔：亚历山大·迪克爵士告诉我，他记得一年内有 1000 个人在他家吃饭，每次在那里吃饭的每个人都被算作 1。

约翰逊：爵士的意思是一天大约有 3 个人在他家吃饭。

博斯韦尔：你的说法简化了这个算法。

约翰逊：先生，这就是统计的好处。它使之前在脑海中浮现的不确定的事情都有了定数。

博斯韦尔：但是，所有不确定的东西都更加震撼人心且容易被夸张放大。人们往往对这种简化感到遗憾。

约翰逊：先生，你不应该让自己因错误而高兴。

Boswell's Life of Johnson (Oxford University Press ed.: Oxford 1934): IV,

p. 204 (18 April 1783, Aetat. 74)

计量历史学革命的主要成就之一是衍生出量化经济史的分析方法（McCloskey，1978）。当然，经济史学家一直以来都依赖定量证据，但从 20 世纪 50 年代开始，量化经济史学家开始以新的方式分析定量数据。最重要的是，他们明确承认了经济理论和定量证据之间的联系。这不仅为衡量什么对象提供了指导，而且为如何衡量这一对象提供了支持，并进一步提出了前从未有的全新证据类型。即使是在半个多世纪后的今天，量化经济史领域仍然在对过去历史事件的研究中不断地产生新的认识。

量化经济史的一个重要贡献是在现代政府统计机构形成之前丰富和完善了国民收入的测度方法。学者们重建了描述经济增长速度与模式的历史时间序列数据，为更细化地研究特定部门或行业的历史提供重要的基础。量化经济史理论不仅为收集现成的历史统计资料提供了一个框架，而且事实证明，量化经济史理论在通过创造性的重建来弥补历史记录中的空白方面有着不可替代的作用[1]。

除了为重建经济增长的定量指标提供基础外，量化经济史的研究方法还能帮助人们获得超出传统历史学家考虑范围的新证据。例如，关于安德鲁·杰克逊（Andrew Jackson）总统与美国第二银行（the Second Bank of the United States）之间的"战争"对1837年经济大萧条的影响，学者们长期以来一直依靠同时代各种知识渊博的人的论点来支持他们的解读。然而，通过分析国家货币和黄金存量变化的数据，量化经济史学家发现造成经济萧条的原因主要是国际市场的变化而不是总统的行为（Temin，1969；Rockoff，1971）。量化经济史学家能够用这种方法令人信服地解决这些争论。同样，量化经济史学家也通过收集大量新的历史数据来重新审视奴隶制经济学的争论。尽管他们的研究在最初引起了争议，但他们还是通过以前未研究过的大量统计资料，最终证明了奴隶制的经济合理性[2]。

问题的关键并不是说量化经济史的方法能够在某种意义上优于其他研究历史事件的方法。相反，量化经济史学家通过结合社会科学的方法来开创新的方法，以补充和扩展其他传统方法，从而更好地分析历史事件。通过关注集体行为与开发新方法来描述历史事件的中心趋势以及围绕中心趋势产生的变化，量化经济史学家能够提出问题并回答很多传统史学家无法解决的问题（Fogel，1983）。传统的历史方法侧重于分析特定的情况，而量化经济史则提供了一种新方法，将个人经验置于更广泛的背景下，以评估个人经验的代表性并进一步探索仅从案例研究中无法发现的数据及系统模式变化。

量化经济史的研究也鼓励大家收集新型量化证据。20世纪50年代以来，量化经济史学家开始系统性地收集和分析史学家传统档案之外的各种数据。这一工作开始于威廉·帕克（William Parker）和罗伯特·盖尔曼（Robert Gallman），他们从1860年人口普查的样本中收集了美国整个南部产棉地区（the Cotton South）农场的数据，并将这些数据与农业普查中提取的数据进行匹配，量化经济史学家对大量普查手稿中的数据进行整理以便计算机识别[3]。明尼苏达大学提供的综合公共用途微观数据系列（Integrated Public Use Microdata Series，IPUMS）向学者们提供了 1850 年以来美国现存的每一次具有全国代表性的人口普查数据，并且不断地更新数据集[4]。弗雷德·贝特曼和托马斯·韦斯对这些数据资料进行了初步处理，他们收集了 1850 年、1860 年和 1870 年制造业普查的数据（Bateman and Weiss，1981），杰里米·阿塔克进一步增加了 1880 年的样本，继续拓展了他们的研究[5]。

与量化经济史的研究一样，本书中的文章也是以一系列通用的方法统一起来的，而不是受限于特定的年代或主题。其中部分文章利用大量的数据从特定的角度来研究历史事件的影响，另有几篇文章描述了如何收集新的数据或利用现有的数据来挖掘新的想法。上述方法都说明了如何不断地提供关于历史事件的新见解。

本书开始于两篇研究经济史和人口史交叉领域的文章。正如韦斯关于美国死亡率方面的研究所表明的那样，量化方法帮助人们理解了很多无法从传统文献资料中辨别的历史事实（Haines et al.，2003）。在第 2 章中，约翰·埃尔米什考察了自 1845 年以来英格兰和威尔士的经济环境与技术如何影响了婚外生育。在这篇文章中，他发现第一次世界大战前较高的失业率阻碍了婚姻并提高了婚外生育率，这与较恶劣的劳动市场条件抑制了怀孕的准新娘结婚从而增加了婚外生育的情况相一致。在二战前，较高的失业率会导致结婚延期，但婚外生育不再与失业挂钩。原因在于，1975 年以后，未婚女性可免费获得避孕药并合法堕胎，这极大地改变了结婚和生育的决策环境，导致了婚姻推迟与同居现象的增加。因此，未婚女性的增加是婚外生育率急剧提升的主要原因。埃尔米什认为，婚外生育受到强烈的社会耻辱观念的约束，但婚外生育决定因素的改变，导致了婚外生育率的提升，这与 20 世纪 80 年代初失业率的变化一致。

在第 3 章中，路易斯·凯恩和艾莉丝·罗泰拉则将重点放在死亡而非出生上，他们研究了美国城市通过投资生活用水和污水处理而大幅改善公共健康的历史事件。20 世纪前 30 年，美国水质与污水处理的改善使得水传播疾病死亡人数急剧减少。美国各城市在卫生系统上投入了大量资金，减少了水传播疾病的死亡人数。凯恩和罗泰拉估计，卫生支出每增加 1%，伤寒、腹泻和痢疾的死亡率就会下降 3%。根据韦斯（1975）的研究，19 世纪美国卫生设施最初主要由私人部门提供，随着人口和经济的持续增长，这些关键服务开始由公共部门提供。本章研究了流行病和示范效应在促使城市承担相关支出方面的作用。对流行病的实证研究显示，经历了水传播疾病死亡率的城市往往会相应地提高卫生支出。示范效应随着时间的推移以多种方式出现，如 19 世纪中叶派遣杰出工程师参观卫生工程到大萧条前几年大规模建设正式示范工程都是其具体表现。凯恩和罗泰拉认为，流行病对卫生服务需求端的影响最大，而示范效应对卫生服务供给端的影响最大。这些力量共同影响了美国城市资金的分配，从而为大大降低死亡率创造了条件。

接下来的 3 章主要讨论 19 世纪末 20 世纪初美国经济的转型。在第 4 章中，韦斯的长期合作者杰里米·阿塔克和弗雷德·贝特曼对他们关于 19 世纪制造业盈利能力的研究进行了拓展。他们利用 1850 年、1860 年、1870 年和 1880 年制造业普查手稿中抽取的样本，考察了企业规模和盈利能力之间的关系。许多 19 世纪的民粹主义者似乎认为，较大的公司规模就是垄断权力的代名词，并且将之与较高的利润率联系在一起，这种观点促使政府监管的兴起，目的是抵消经济力量集中的优势。但 20 世纪的经验证据普遍显示，公司规模与盈利能力之间存在反比关系，阿塔克和贝特曼证明了这种关系在 19 世纪同样存在。此外，他们还发现公司规模与组织结构之间也有紧密的联系，规模较大的企业更有可能以公司制的形式而不是独资或合伙企业的形式组织起来。如果利润随着企业规模的扩大而减少，那么人们自然会问：为什么此时企业的平均规模会扩大？阿塔克和贝特曼认为主要原因有两个。首先，大型企业享有较低的资本成本，它们更容易进入资本市场公开筹资。其次，大型企业和公司利润率的波动远小于小型企业，因此它们更有可能长期存活。

在第 5 章中，罗伯特·马戈和迈克尔·海恩斯重新审视了韦斯在 1998 年与李·克雷格和雷蒙德·帕姆奎斯特（Raymond Palmquist）合作完成的一篇论文中提到过的主题。克雷格、帕姆奎斯特和韦斯（1998）收集了 1850 年和 1860 年县级铁路和水运交通运输的数据，并利用这些数据研究了铁路与水路交通对农业土地价值的影响。马戈和海恩斯从两个方面扩展了之前的研究。首先，他们将注意力转移到那些在 19 世纪 50 年代前开通铁路的县，也就是说，他们并不满足于对铁路开通和经济结果的截面相关性分析，而是试图衡量铁路的"处理效应"；其次，他们考虑了开通铁路后更深层次的经济影响，这些影响是基于交通改善的标准经济模型，如冯·杜能（Von Thunen）模型，而不局限于克雷格、帕姆奎斯特和韦斯所研究的土地价值。他们的研究结果喜忧参半：虽然他们运用标准经济模型预测的部分结果被证实是正确的，但也有一些是不准确的。也许他们的研究最有力的结论是，战前铁路的发展促进了城市化和服务业的发展，这也将该文与韦斯之前的研究联系了起来。

在第 6 章中，马修·霍尔特和李·克雷格探讨了历史学家和经济学家长期以来感兴趣的一个话题，即生猪周期。本章对韦斯、克雷格和海恩斯的研究中提出的问题进行了阐释（Craig and Weiss，1993，1998，2000；Haines et al.，2003）。这项研究主题之一是农产品市场如何向非农家庭分配营养物质。就生产的投入和产出的价值而言，玉米和生猪在农业经济和非农消费中发挥了很大作用。此外，由于这两个市场相互关联，即大部分玉米被用于喂养生猪，因此它们各自价格的波动并不是相互独立的，这种关系被称为生猪－玉米周期。克雷格和霍尔特讨论了与生猪－玉米周期有关的 3 个问题。生猪－玉米周期是如何扩散的？它们最终是如何被改变的？它们的改变带来的社会节约是什么？作者认为，生猪－玉米周期是在天气对玉米市场的冲击以及生猪养殖户无法平滑产量以应对玉米价格冲击的共同作用下形成的。机械制冷的出现改善了季节性周期，使农民既能平滑产量又能提高产量。产量的增加代表了一种社会节约。克雷格和霍尔特估计，这种节约大约占总产出的 0.17%，这反过来使得以热量或蛋白质衡量的食品消费增加 1%~2%。

在本书的最后两章中，重点转移到与工作和福利有关的问题上。在第 7 章中，丽贝卡·霍姆斯、普赖斯·菲什巴克和塞缪尔·艾伦在如何衡量 19 世纪末 20 世纪初劳动力市场立法强度的指标方面取得了突破。韦斯研究的特点是他对如何开发最佳的衡量经济概念的方法感兴趣。他在前人研究的基础上，精心构建了劳动力、工资、国民生产总值和生产率的衡量指标。所有这些概念都是以经济理论为基础的，但事实证明，精确地测度理论的架构往往非常困难。韦斯率先尝试对这些概念的测度指标进行了改进。霍姆斯、菲什巴克和艾伦的那章也遵循了同样的思路，即提供了多种方法将美国各州的劳动法规汇总并转换成州级劳动立法强度的衡量指标。在对上述各种办法进行多维度的探讨后，他们用新创建的劳动法度量指标来尝试建立制造业中劳动法与劳动生产率之间的关系。劳动立法的支持者和反对者对劳动法如何影响劳动生产率提出了不同的看法，霍姆斯、菲什巴克和艾伦首次对他们的观点进行了研究，并最终得出结论：劳动法没有阻碍劳动生产率的提高。

在本书的最后一章中，乔舒亚·罗森布卢姆（Joshua Rosenbloom）和格里高利·斯图斯利用综合公共用途微观数据系列（IPUMS）提供的 1870 年人口普查数据，研究了 1870 年美国的财富分配情况。经济史学家长期以来一直对经济发展和不平等之间的关系感兴趣，而最近美国收入和财富差距的扩大，更增加了他们的兴趣。罗森布卢姆和斯图斯不是最先研究 1870 年人口普查数据的学者，事实上，韦斯、贝特曼（1981）和克雷格（1993）的研究中都使用了这些数据，但 IPUMS 的大量样本使罗森布卢姆和斯图斯能够比以前的研究更详细地分析这些数据。凭借这些数据，他们发现工业化和城市化的发展很可能与日益加剧的不平等有关。除了发现 1870 年至 20 世纪初财富分配不平等的程度大幅加深以外，他们还发现 1870 年美国各州不平等的变化在很大程度上源于城市化和从事制造业的人口比例的差异。

本书中的各章并不能对量化经济史进行全面的论述，但它们确实说明了这一领域近期研究主题的广泛性和研究方法的创新性。其中每一篇文章都反映了理论与量化之间的相互影响与作用，这不仅是量化经济史研究方法的特点，也是韦斯对这一领域做出了巨大贡献的标志。理论为每一篇文章都提供了出发点和动机，并对决定测度什么和如何测度具有指导作用。但是，理论要与现有的数据和资料谨慎地结合起来。这些文章正是对可靠的历史方法和经济理论的结合，也是韦斯学术事业的延续。

注 释

1. 最早尝试重新构建国民收入衡量指标的学者是 Gallman（1966）。另见 David（1967）和 Weiss（1994）。最近，Romer（1986）及 Gordon 和 Balke（1989）对完善这些早期著作中所使用的方法做出了大量努力。

2. 关于这个主题有大量的文献。参阅 Fogel（1989）对这些文献和它所产生的许多争论的全面概述。

3. 关于这些数据的讨论请参阅 Parker（1970）。

4. 这些数据由明尼苏达州人口研究中心在 Steven Ruggles 的指导下编制。参阅 Ruggles 等（2004）和 www.ipums.org 可获取更多的信息和文件。

5. 这些数据可以从网站 www.vanderbilt.edu/econ/faculty/ Atack/atackj.htm 下载。

参考文献

Bateman, F. and Weiss, T. (1981), *A Deplorable Scarcity: The Failure of Industrialization in the Slave Economy*, Chapel Hill: University of North Carolina Press.

Craig, L. A. and Weiss, T. (1993), "Agricultural Productivity Growth During the Decade of the Civil War", *Journal of Economic History* 53: 527–548.

Craig, L. A. and Weiss, T. (1998), "Nutritional Status and Agricultural Surpluses in the Antebellum United States", in John Komlos and Joerg Baten (eds.), *Studies on the Biological Standard of Living in Comparative Perspectives*, Stuttgart: Franz Steiner Verlag.

Craig, L. A. and Weiss, T. (2000), "Hours at Work and Total Factor Productivity Growth in 19th-Century U.S. Agriculture", *Advances in Agricultural Economic History* 1: 1–30.

Craig, L. A., Palmquist, R. and Weiss, T. (1998), "Transportation Improvements and Land Values in the Antebellum United States: Hedonic Approach", *The Journal of Real Estate Finance and Economics* 16: 173–190.

David, P. A. (1967), "The Growth of Real Product in the United States Before 1840: New Evidence, Controlled Conjectures", *Journal of Economic History* 27: 151–197.

Fogel, R.W. (1983), "'Scientific' History and Traditional History", in Fogel, Robert William and G.R. Elton, *Which Road to the Past? Two Views of History*, New Haven and London: Yale University Press.

Fogel, R. W. (1989), *Without Consent or Contract: The Rise and Fall of American Negro Slavery*, New York and London: W. W. Norton.

Gallman, R. E. (1966), "Gross National Product in the United States, 1834–1906", in Dorothy Brady (ed.), *Output, Employment and Productivity in the Unites States after 1800, Studies in Income and Wealth*,

Vol. 30, New York: National Bureau of Economic Research.

Gordon, R. J. and Balke, N. S. (1989), "The Estimation of Prewar Gross National Product: Methodology and New Evidence", *Journal of Political Economy* 97: 38–92.

Haines, M. R., Craig. L. A. and Weiss, T. (2003), "The Short and the Dead: Nutrition, Mortality, and the 'Antebellum Puzzle' in the United States", *Journal of Economic History* 63: 382–413.

McCloskey, D. N. (1978), "The Achievements of the Cliometric School", *Journal of Economic History* 38: 13–28.

Parker, W. N. (1970), "Introduction: The Cotton Economy of the Antebellum South", *Agricultural History* 44: 1–4.

Rockoff, H. (1971), "Money, Prices and Banks in the Jacksonian Era", in Robert Fogel and Stanley L. Engerman (eds.), *The Reinterpretation of American Economic History*, New York: Harper & Row, 1971: 448–458.

Romer, C. (1986), "New Estimates of Prewar Gross National Product and Unemployment", *Journal of Economic History* 46: 341–352.

Ruggles, S., Sobek, M., Alexander, T. F., Catherine, A., Goeken, R., Hall, P. Kelly, K., Miriam and Ronnander, C. (2004),Integrated Public Use Microdata Series: Version 3.0 [Machine-readable database], Minneapolis, MN: Minnesota Population Center [producer and distributor].

Temin, P. (1969), *The Jacksonian Economy*, New York and London: W. W. Norton.

Weiss, T. (1975), *The Service Sector in the United States, 1839 through 1899*, New York: Arno Press.

Weiss, T. (1994), "Economic Growth Before 1860: Revised Conjectures", in Weiss Thomas and Donald Schaeffer (eds.), *American Economic Development in Historical Perspective*, Stanford: Stanford University Press.

2 英格兰和威尔士的婚外生育经济史

约翰·埃尔米什

John Ermisch*

苏格兰长达 4 个世纪的婚外生育

英国婚外生育率经过 400 年的相对稳定之后，在 20 世纪后半叶急剧上升。图 2.1 绘制了 1845~2003 年英格兰和威尔士每 1000 名新生儿中婚外生育的数量。除了在第二次世界大战期间呈现"尖峰"外，婚外生育率在 1845~1960 年都维持在 3.9%~7.0%。婚外生育率在 16 世纪末约为 3%，17 世纪中叶下降到 1%，19 世纪初上升到 6% 左右（Laslett，1977）。因此，婚外出生率在这 400 多年始终维持在相对稳定的范围。本章重点介绍过去 160 年，尤其是 1870 年以来婚外生育率的变化情况，旨在解释英格兰和威尔士在相对稳定时期内婚外生育率波动以及在 20 世纪后期急剧上升的原因。

图 2.1 还展示了 1940 年以来美国、英格兰和威尔士的婚外生育率变化情况。1940~1955 年美国婚外生育率略低于英格兰和威尔士，20 世纪 60 年代初到 90 年代初却迅速稳定上升。同时，英格兰和威尔士婚外生育率的上升速度远快于美国，最终于 20 世纪 90 年代超过美国的婚外生育率，而其中上升最快的区间为 1980~2003 年。

背景：生育能力、生育控制和社会耻辱（1845~1940 年）

图 2.1 显示了 1845 年以来生育能力的变化，我们采用一般生育率（General Fertility Rate，GFR）来衡量生育能力。19 世纪 70 年代后期，一般生育率就开始长期且迅速地下降，并在第二次世界大战之前降到低点。与许多其他欧洲国家一样，英国的婚外生育率（婚外生育率对应未婚女性）与婚内生育率同时下降并持续到 20 世纪 30 年代后期（Shorter et al.，1971）。对婚外生育率进行分析，重要的是考虑如何通过控制生育能力来降低长期的生育率。

Szreter（1996）辩称，在生育率长期下降的时期，特别是在一战前，"在婚姻中尝试禁欲是最广泛和最频繁使用的节育方法"。他指出：

> 在维多利亚时代晚期和爱德华时期，有意识地尝试禁欲来限制生育是导致性交频率降低的主要原因……实际上，在此期间，人们有意识地发展了一种主要以道德和健康为基础的，明确宣传性节制美德的公共话语。

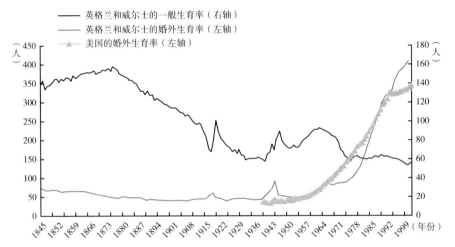

图2.1 婚外生育数量（每1000个新生儿）和一般生育率（每1000名15~44岁女性）

两次世界大战期间的生育控制与过去50年相似。20世纪30年代，较低的婚内生育率主要源于低性交频率，而报告中提到的节育措施（即使没报告）和节育方法都无法很好地解释低生育率。在性约束文化下，禁欲成为控制生育率的主要措施，将婚外生育率控制在较低水平。虽然在两次世界大战期间避孕的知识和措施有所增加，但未婚者很难获得这些信息。

至少在17世纪和18世纪，英格兰的婚外生育与恋爱有关。结婚年龄越低，婚前生育倾向越高，并且首次"婚外生育"的年龄大约等于初婚年龄

（Laslett，1980；Oosterveen et al.，1980），这表明婚前生育是恋爱过程的一部分。一般而言，在结婚率较高的时期，恋爱次数会更多，因此性活动也会更多，婚外生育的风险也就越大。Wrightson（1980）将 17 世纪英格兰的婚外生育率解释为"人们发生了社会可接受的婚前性行为，而没有继续形成特定的婚姻，这两者之间的脱节程度即为婚外生育率"。在整个 19 世纪，婚前性行为仍是工人阶级恋爱的一部分。Cook（2004）解释说：

> 社会规则与文化的约束限制了大多数情侣结婚，除非他们有足够的储蓄和收入来供养一个新的独立家庭。
>
> 婚前性行为受到这一制度的限制。大多数未婚女性不会同将与她们结婚的伴侣之外的男性发生性行为，并且她们的伴侣也不会提出性交要求——在他能够负担得起独立家庭的日常开支之前。需要注意的是，这并不等同于将性交推迟到即将结婚的时候……如果这名女性没有怀孕，可能有相当大的余地。

Cook（2004）认为，女性在性生活方面的态度越来越谨慎，婚前性行为的机会日益减少（由成年人控制强制执行），这种现象从中产阶级扩散到工人阶级，导致了婚外生育率的降低。尽管如此，婚前性行为仍是 20 世纪初工人阶级恋爱行为的重要组成部分。性交是恋爱过程的转折点，是一段婚姻形成和一个家庭组建过程中的过渡期。

尽管如此，父母和邻居往往会极力反对那些没有与新生儿父亲结婚的婚前生育行为，有时甚至会导致新生儿的母亲被她的父母遗弃，这一现象的发生通常是因为他们太穷而无法帮助新生儿的母亲维持生计。如果新生儿母亲的家人抛弃了她，她就不得不求助于严苛的机构，其中最臭名昭著同时也最可怕的就是劳动救济所（the workhouse）。根据 Humphries（1988）的研究，

20 世纪初，该机构仍然处理着约 1/5 的婚外生育，而在维多利亚时代则更多。其他机构有各种各样的名称——感化院、监狱、避难所、产房和"母婴"家庭所，它们的共同之处就是严苛的制度，在这些机构中的年轻母亲失去了所有的个人权利，包括自由和隐私。这种恐惧感必然会增加婚外生育的社会耻辱感。

下一节表明，直到第一次世界大战之前，失业率一直对婚外生育率的波动产生影响。较高的失业率阻碍了结婚，提高了婚外生育率，这与较差的劳动力市场条件不利于怀孕的准新娘结婚从而增加了婚外生育的说法一致。这进一步证明了婚外生育与恋爱有关的假设。在两次世界大战期间，较高的失业率继续使得结婚时间延迟，但婚外生育不再与失业相关。

本章余下部分考虑了第二次世界大战后的状况。1961 年避孕药出现是这一时期占主导地位的技术变革。第 3 节显示，婚外生育率从 1975 年的 9% 提升到了 2003 年的 42%，主要是因为 20~34 岁已婚女性的比例大幅下降。反过来，这又与同居行为的急剧增加有关。这些行为在恋爱关系破裂或正式结婚之前都是短暂的，因此婚外生育与现代恋爱行为有关。第 4 节介绍了婚姻市场搜寻（求爱）理论，其中婚外生育可能是一种理性选择。第 5 节解释了当单身母亲的福利受到单身母亲人数的影响时，婚外生育是怎样变得普遍的。1980 年以后，整个欧洲婚外生育率大幅上升的催化剂可能是 20 世纪 80 年代初大幅上升的失业率。第 6 节提供的证据表明，随着婚外生育现象变得更加普遍，影响婚外生育的社会经济因素的差异将会扩大。第 7 节讨论了同居行为从受过良好教育的人群向其他人群扩散，这可能为婚外生育率的急剧上升提供了一种替代或补充的解释，并在第 8 节给出了结论。

第二次世界大战前的失业和婚外生育

基于英国社会人口史中得到证实的两个假定，我们能够对私生子如何出生的理论进行简单的阐述，在第一节中我们进行过概述。第一，结婚意味着建立一个新的家庭，这需要足够的收入和较好的经济预期。第二，婚前性行为并不罕见，尤其是当双方都有意结婚时，在此过程中通常没有避孕，而且当时的避孕方法效率低。例如，有证据表明，在18世纪末和19世纪的英国乡村，30%~40%的新娘在婚后的8个月内生孩子（Hair，1970），这与大部分新娘在结婚时的怀孕比例相当。相比之下，第二次世界大战之后不久，人口统计表明婚内生育中18%的一胎是在结婚后的8个月内出生的。

如果出于某种原因孕妇没有按照原定计划结婚，那么孩子将在婚前出生。其中孩子"准父亲"死亡是一个重要的原因，这有助于解释第一次世界大战期间婚外生育率"高峰"和单身女性结婚数量"低谷"现象的出现（见图2.2）。因此，阻碍婚姻的环境因素变化也会提升婚外生育率。这使得我们能够通过单身女性结婚数量的长期时间序列数据对上述简单理论与历史经验的一致性进行分析。单身女性的存量数据是将结婚数量转化为结婚率的必要因素，却无法获得整个时期的数据。不过，由于单身女性存量数据的增加可能会非常缓慢，因此这不是一个主要问题。1930~2002年，单身女性的结婚数量与单身女性的结婚率密切相关——两者之间的相关系数为0.844，一阶差分的相关系数为0.963。

让我们聚焦1845~1913年世界大战之前的这段时期，无论是每1000个新生儿婚外生育数量（*bom*）还是单身女性结婚数量都不是平稳序列（见图2.2）[1]。然而，这两个变量的一阶差分是平稳的。表2.1显示了这两个内生变量一阶差分的向量自回归（VAR）估计结果。单身女性结婚数量增多会降低随后几年的婚外生育率，而婚外生育率的上升反过来增加了单身女性结婚数量。两个变量中任何一个变量的变化都会引起另一变量的变化，我们称之为"格兰杰因果"（Granger-causes）[2]。单身女性结婚数量与一年后的婚外生育数量之间呈负相关关系，这一现象与上述简单理论的预测相一致，即减少结婚

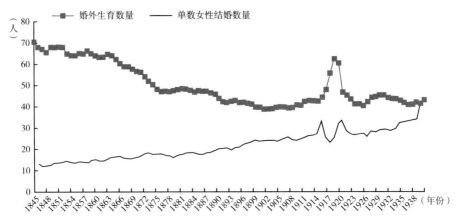

图2.2　婚外生育数量（每1000个新生儿）和单身女性结婚数量（每万人）

数量能够增加婚外生育。婚外生育对单身女性后续结婚有正向影响，可能表现在身为单身母亲的女性推迟结婚。

表2.1　婚外生育数量（每1000个新生儿）和单身女性结婚数量（每万人）的VAR估计（1849~1913年）		
	bom_t-bom_{t-1}	mar_t-mar_{t-1}
$bom_{t-1}-bom_{t-2}$	0.12(0.12)	0.17(0.06)
$bom_{t-2}-bom_{t-3}$	0.24(0.12)	0.079(0.064)
$mar_{t-1}-mar_{t-2}$	−0.64(0.24)	0.23(0.12)
$mar_{t-2}-mar_{t-3}$	−0.31(0.22)	−0.11(0.11)
常数项	−0.01(0.14)	0.281(0.07)
格兰杰因果关系：p值	0.003	0.002
R^2	0.22	0.24

注：括号中数值为标准误。

　　正如较高失业率的影响一样，上文中的冲击可能是因为较差的劳动力市场状况。Southall 和 Gilbert（1996）的研究表明，1860~1914 年，当失业率（数据来源于各种工会运营的失业保险计划）较高时，结婚数量相应较少。进一步，Boyer 和 Hatton（2002）使用英国 1870~1913 年的数据重新研究了失业率是否会影响婚外生育。他们对失业率、婚外生育数量和单身女性结婚数量的估计如图 2.3 所示。Dickey Fuller 检验表明，1870~1913 年，失业率是一个平稳序列，并且可以假设它是一个严格外生变量。使用婚外生育数量的一阶差分并将单身女性结婚数量和失业率分别作为内生变量与外生变量进行 VAR 估计，结果表明内生变量滞后项的影响不显著。因此，模型可简化为表 2.2 中前两列的形式。估计结果显示，较高的失业率导致了婚外生育数量的增加。高失业率最初减少了单身女性结婚数量，但是在接下来的年份中，单身女性结婚数量出现了强劲的反弹。失业（两年以上）对婚外生育数量的长期正向影响可能表现为妊娠期滞后。以上结果与较差的劳动力市场条件阻碍了怀孕的准新娘步入婚姻从而增加了婚外生育数量这一观点相一致。由于工人阶级更容易受到劳动力市场状况波动的影响，婚外生育数量在社会贫困成员中比例会更高，这种趋势至少可以追溯到英国 16 世纪（Oosterveen et al.，1980；Smout，1980）。需要注意的是，该模型暗示持续性的较高或较低失业率可能会改变婚外生育数量的长期趋势，但实际上失业率一直在 5.8% 的均值附近波动。

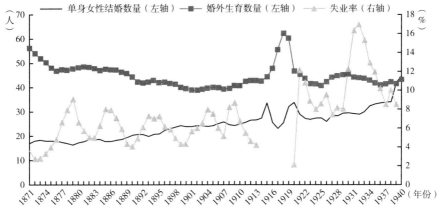

图 2.3 单身女性结婚数量（每万人）、婚外生育数量（每 1000 个新生儿）和失业率

表2.2　婚外生育数量（每1000个新生儿）和单身女性结婚数量（每万人）的VAR估计（1871~1939年）

	1871~1913 年		1921~1939 年	
	bom_t-bom_{t-1}	mar_t-mar_{t-1}	bom_t-bom_{t-1}	mar_t-mar_{t-1}
$bom_{t-1}-bom_{t-2}$	—	—	0.21	—
$mar_{t-1}-mar_{t-2}$	—	—	—	0.34(0.31)
ur_t	0.23(0.10)	−0.44(0.04)	0.02(0.12)	−0.54(0.20)
ur_{t-1}	0.20(0.10)	0.37(0.04)	−0.16(0.11)	0.52(0.17)
常数项	−2.81(0.44)	0.63(0.18)	1.31(0.96)	0.83(1.83)
R^2	0.47	0.74	0.31	0.41
DW 统计量	1.92	1.85	1.78	1.19
LM 统计量（滞后一期），p 值	1.00	0.69	0.71	0.28
LM 统计量（滞后二期），p 值	0.62	0.82	0.64	0.49

注：括号中为标准误。

由图 2.3 可以看出，在两次世界大战期间，婚外生育数量与失业率之间的关系似乎已经消失。而表 2.2 中 1921~1939 年的参数估计结果也证实了这一点。需要注意的是，失业率上升抑制了当年的单身女性结婚数量，但这种抑制效果在下一年就几乎完全消除。原因可能在于，两次世界大战之间的高失业率使经济前景急剧恶化，减少了生育行为，因此在结婚前更有可能实行禁欲。所以未婚女性怀孕人数减少，从而大大降低了失业率对婚外生育数量的影响。可以肯定的是，战争期间的一般生育率远低于第一次世界大战前十年的一般生育率[3]。

人口统计：1938~2003 年

婚外生育率取决于特定年龄段的非婚率、婚内生育率以及未婚女性的比例。1938 年之前无法获得按年龄段划分的婚姻分布的年度数据，因此在二战前讨论婚前生育时会依赖于婚外生育率指标。本节将 1938 年后的时间段作为研究的时间窗口，因为在这段时间我们可以获得上述数据来解释婚外生育数量指标变化的原因。

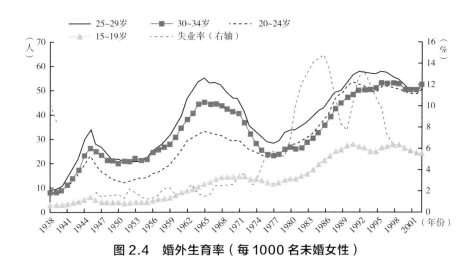

图 2.4　婚外生育率（每 1000 名未婚女性）

图 2.4 绘制了按年龄段划分的特定人群的婚外生育率，它直接衡量了"危险人群"的婚外生育倾向。在经历了第二次世界大战的"尖峰"之后，各年龄段的婚外生育率再也没有恢复到 1938 年的水平，从 50 年代中期开始，各年龄段的婚外生育率急剧上升，并在 1964 年达到峰值（20~34 岁），然后又持续下降到 70 年代中期。与图 2.5 相比，婚内生育率表现出类似的"生育高峰和低谷"的特征，但维持在较高水平且涨跌幅度较小。图 2.4 表明婚外生育率与失业率之间没有明确的关系。

第 t 年第 j 年龄段女性婚外生育数量可表示为 $BOM_{tj}=(Pop_t)(a_{tj})(1-m_{tj})(fom_{tj})$，其中 Pop_t 表示 15~34 岁年龄段的女性人口数量，a_{tj} 表示第 j 年龄段中 15~34 岁人口的比例，m_{tj} 表示第 j 年龄段中已婚女性人口的比例，而 fom_{tj} 是第 j 年龄段的婚外生育率[4]。与之类似，第 j 年龄段婚内出生人数可表示为 $BIM_{tj}=(Pop_t)(a_{tj})(m_{tj})(fim_{tj})$，其中 fim_{tj} 是第 j 年龄段已婚女性的生育率。15~34

岁女性的婚外生育率由式（2.1）给出：

$$bom_t = \left(\sum_j BOM_{tj} \right) / \left(\sum_j BIM_{tj} + \sum_j BOM_{tj} \right) \tag{2.1}$$

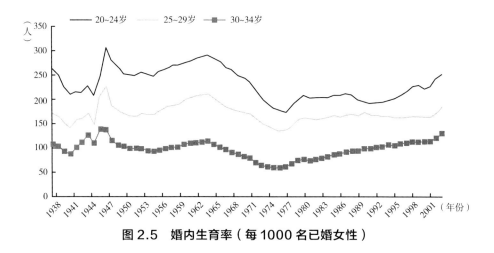

图2.5　婚内生育率（每1000名已婚女性）

其中，$\sum_j$ 表示 15~19 岁、20~24 岁、25~29 岁和 30~34 岁 4 个年龄段的总和。我们可以通过让 BOM_{tj} 和 BIM_{tj} 各部分的基准年份不变，来分解 bom_t 任意两年的变化。

首先考虑 1938~1964 年。1938 年，在 15~34 岁的女性中，4.4% 为婚外生育，而在生育高峰期，这一比例为 7.4% [5]。图 2.6 表明，20~34 岁女性中未婚女性比例大幅下降。分解表明，如果每个年龄段女性的已婚比例保持在 1938 年的水平，而年龄结构、婚外生育率和婚内生育率随着实际变化，则 15~34 岁女性的婚外生育率将从 1938 年的 4.4% 上升到 1964 年的 17.2%，而不是 1964 年的实际值 7.4%。因此，在 1938~1964 年，特定年龄段的女性结婚率大幅上升，这主要是因为特定年龄段婚外生育率的大幅上升（fom_{tj}）导致整体婚外生育率适度上升。

1975~2003 年，女性结婚比例的变动对女性婚外生育率变动的影响较大。图 2.4 显示，从 20 世纪 70 年代中期到 20 世纪 90 年代初，按年龄段划分的女性婚外生育率逐渐上升并相对稳定地维持在 1964 年的峰值水平。20~34 岁已婚女性的婚内生育率呈温和上升趋势（见图 2.5），各年龄段未结婚的女性比例则大幅度上升（见图 2.6）。1975~2003 年的分解结果表明，如果各年龄段女性的已婚比例保持在 1975 年的水平，而年龄结构、婚外生育率和婚内生育率随着实际变化，则 15~34 岁女性的婚外生育率将从 1975 年的 9.1% 上升到 2003 年的 11.6%，而不是 2003 年的实际值 44.2%[6]。因此，除了各年龄段女性的已婚比例外，1975~2003 年婚外生育率的上升只有不到 1/10 可以由其他因素的变化来解释。如果我们假定各年龄段的婚外生育率和婚内生育率保持在 1975 年的水平不变，那么女性结婚比例变动的作用也非常明显。这一分解表明，1975~2003 年 15~34 岁女性的婚外生育率将上升到 40%，这与我们观察到的 44% 的值非常接近。

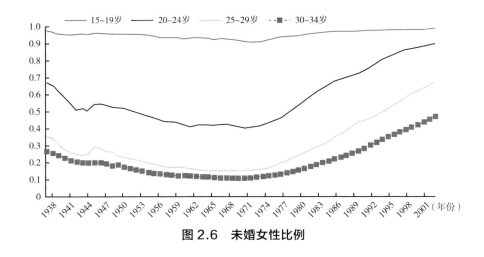

图 2.6　未婚女性比例

首次结成伴侣关系从合法婚姻向同居的模式转变是英国婚姻延迟和未结婚女性比例上升的主要原因（Ermisch and Francesconi，2000）。20 世纪 50

年代出生的女性中，约有 1/4 选择了同居；20 世纪 60 年代出生的女性中，这一比例上升到了 3/5；20 世纪 70 年代出生的女性中，这一比例则进一步上升到了 85%[7]。但是，首次结成伴侣关系的年龄有所延迟。相比于出生于 20 世纪 50 年代的女性，出生于 60 年代和 70 年代的女性首次结成伴侣关系的平均年龄分别从 22 岁提高到 24 岁和 25 岁。第 7 部分讨论了同居模式快速扩张的原因。

当然，这些都只解释了部分原因。类似的社会经济因素也可能造成同居的增加、结成首次伴侣关系的时间推迟以及婚外生育倾向的上升，从而促使婚外生育率和结婚率的变化。

婚外生育决策

在 20 世纪 50~60 年代的大部分时间里，未婚女性仍不能合法避孕。不可靠的避孕措施使得许多女性意外怀孕，而法律禁止堕胎，堕胎面临着很高的风险，这使得女性婚前怀孕后无论是否有丈夫都必须生下孩子。避孕药的出现改变了这一状况。1961 年，避孕药被介绍给了家庭医生（全科医生）；1961 年 12 月，英国国家卫生局（NHS）开始提供避孕药，但只提供给那些会因怀孕而导致健康受到威胁的已婚女性；1962 年，计划生育协会（FPA）允许全科医生向已婚女性提供避孕药；1966 年，NHS 允许全科医生对非医疗原因开出的避孕药收费，自此避孕药销量大幅上升，当然这也要归因于 20 世纪 60 年代避孕药价格的下跌；1968 年，FPA 开始允许分支机构向未婚女性提供避孕用品；1970 年，FPA 被强制要求提供避孕用品；从 1975 年开始，所有女性都可以自由避孕[8]。而从 1969 年开始，堕胎合法化成为现实。

1975 年之后，免费提供避孕药和堕胎合法化可能对上一节讨论的婚姻延迟有重要影响。在口服避孕药和堕胎合法化之前，延迟结婚要付出较大的成本，即要么禁欲，要么承受怀孕的风险。避孕药的出现降低了这些成本，促使了女性和男性推迟结婚，直到他们的经历、性格和经济地位变得更加契合结婚[9]。如果没有避孕药以及堕胎合法化，普遍的未婚同居模式是无法想象的。

1975 年之后，"意外"不再是女性婚外生育的充足理由。为什么当越来越多的女性单身并能有效避免婚外生育时，英国的婚外生育率却并没有下降呢？例如，日本的平均结婚年龄大幅上升到与英国相似的水平，但只有约2%的孩子是在婚外出生的[10]。

我们需要建立一种关于婚外生育决策行为的模型去更好地理解婚外生育率的上升。该模型考虑到了现代避孕手段的可靠性以及婚姻与生育决策之间的相互依赖性。它建立在认识潜在的合适的异性需要时间的观察基础上。这种婚姻市场的摩擦影响着谁与谁结婚、每段婚姻的收益以及夫妻之间的收益分配。即使女性可以完美地控制她的生育行为，她们也可以考虑将婚外生育作为一种理性选择[11]。当男人和女人在恋爱时，如果女人愿意的话，男人可以决定是否和女人结婚。当女人面临同样的选择时，她也可以选择与男人生一个孩子，然后在没有结婚的情况下单独抚养。如果社会福利制度足够完善，来自新生儿母亲的父母或新生儿父亲的经济支持足够慷慨，女性自己抚养孩子的福利将大于单身或无子女时获得的福利。但是，就婚姻市场的前景而言，独自抚养孩子也存在一些成本，单身母亲可能会发现，独自抚养孩子会更难找到潜在的对象。对于一个女人来说，当独自抚养孩子的短期收益超过了结婚的长期成本时，她可能会选择与一个她不愿嫁或不愿娶她的男人生一个孩子而不结婚。

这种模式的重要含义是，如果夫妻双方都认为对方是彼此都能接受的婚姻伴侣，那么他们就会等到结婚后才生孩子，如果情况不是这样，则女性可能会在婚外生孩子。这一结论表明，未婚生育的伴侣结婚的可能性要比没有未婚生育的伴侣小得多。一般来说，我们很难观察到伴侣关系是否会转化为婚姻，但我们可以观察其中一种伴侣关系，也就是同居模式的结果。有证据表明，与没有孩子的同居伴侣相比，有孩子的同居伴侣转变为婚姻伴侣的可能性要小得多，同居关系破裂的可能性也更大（Ermisch and Francesconi，2000）。统计资料表明，在英格兰和威尔士最近的婚外生育中，同居模式家庭的新生儿约占 60%。

那些期望在结婚后获得更多福利的女性与那些期望在结婚后获得更少福利的女性相比，未婚生育的长期成本要高得多。因此，婚姻前景较差的女性更有可能在婚外生育。如果贫穷女性（如受教育程度较低的女性）会因为只能嫁给收入较低的男性而获得更差的婚姻市场前景，那么我们预计她们更有可能在婚前生孩子，这一结论得到了反复证实（Ermisch，2001；Del Bono，2004）[12]。

该模型的另一个明确含义是，在其他条件相同的情况下，国家对单身母亲的补助金越高，那么其婚外生育的可能性越大[13]。福利的改善能解释 20 世纪 70 年代中期至 90 年代初婚外生育率的上升吗？英国针对未就业单身母亲的福利支持制度被称为收入支持制度（1991 年以前为额外福利），它对工资和其他收入征收 100% 的隐性税，这严重阻碍了她们就业。女性工资的上升会增加女性在单身、无子女和已婚状态下的福利，但对单身母亲的福利几乎没有影响，因为绝大多数单身母亲没有工作，而收入支持制度的福利只增加了女性在单身母亲状态的福利。有一个孩子的单身母亲的福利与全职女性平均时薪之比在 20 世纪 70 年代处于波动状态，但是从 1980 年开始下降，直到 20 世纪 90 年代末期，此后一直处于稳定状态。显然，自 1980 年以来，更高的国家福利并不能刺激婚外生育率的上升。

高失业率往往会降低男性的收入，尤其是那些与婚姻市场上条件较差的女性结婚的男性。因此，在失业率较高的劳动力市场，与婚外生育成为单身母亲所享受的福利而言，女性等待合适男性而延迟生育将变得不值。此外，就业机会不佳也会降低女性独自生育孩子的机会成本。因此，与第 2 节的简单理论一样，该模型也发现较高的失业率会增加婚外生育，但原因有所不同[14]。图 2.4 所示的 20 世纪 80 年代前期失业率短暂大幅度的上升似乎与婚外生育率的持续上升不一致，但下节将说明失业率上升的作用。

社会影响和互动

单身母亲的福利会因为"社会耻辱感"而减少，并可能使她的婚姻前景变差，这在一定程度上阻碍了婚外生育。本章之前讨论的耻辱感在整个 20 世纪 50~60 年代仍然存在（Szreter，1996）。如果这种耻辱感下降，那么将有更多的女性（独自）决定与她不愿嫁的男人（或拒绝娶她的男人）生一个孩子，在反对堕胎的女性中，因怀孕而结婚的将会更少。证据显示，婚外怀孕的结果与耻辱感的下降是一致的[15]。例如，20 岁以下女性婚前怀孕比例的上升使其婚内生育率从 1969 年的 55% 下降到 2003 年的 2%，20~24 岁女性的婚内生育率从 1969 年的 45% 下降到 2003 年的 4%。女性婚外生育受孕率也不断上升，20 岁以下女性的受孕率由 9% 上升到 56%，20~24 岁女性的受孕率由 16% 上升到 56%[16]。因此，婚姻对婚前受孕与生育的影响已经非常有限。

本节构建了一个可以快速消除这种耻辱感，并直接提升婚外生育率，同时增加单身人数的模型。我们可以做出一个假设，如果更多的女性成为单身母亲能够使社会耻辱感降低，那么当她的参照群体中有更多的女性（例如她的街坊邻居）成为单身母亲时，相对于不生孩子而言，成为单身母亲可以给她带来更大的效用。那么当女性和她的伴侣不同意结婚时，她成为单身母亲的概率会随着其参照群体中婚外生育女性数量预期的增加而上升[17]。这就是我们所说的社会互动效应。

当人们对单身母亲比例的期望值与参照群体中单身母亲的平均比例一样时，就会出现社会均衡，即当参照群体的实际比例与预期比例相等时就能够实现均衡。图2.7所示的曲线为在社会互动效应相对较大的情况下，成为单身母亲的实际比例与预期比例之间的关系，45度线表示实际比例与预期比例相等的情况。曲线与45度线相交的点称为"社会平衡点"，图2.7描述了多个社会平衡点的可能性。如果我们做一些合理的动力学假设，那么我们可以将图2.7中类似于B的平衡描述为不稳定状态[18]。

如图2.7所示，当女性能对其他人的行为做出充分反应时，社会经济环境可改变婚外生育行为，预期要素的临时变化可以使单身母亲的比例从A型平衡向C型平衡转变并发生巨大变化。例如，一些突然的冲击会导致女性成为单身母亲的预期比例高于图2.7中平衡点B所对应的比例，这将使单身母亲比例永久性地大幅度上升。从这个意义上说，"历史"对低水平或高水平的均衡都发挥着重要的作用。

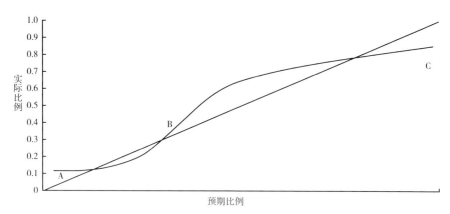

图2.7　单身母亲比例的均衡点

人们很难相信婚外生育决策的决定性因素已经发生了巨大的改变，这足以解释1975~2004年婚外生育的大幅度增加。然而，这种增加可能反映了这些决定性因素的暂时变化，其影响被社会互动效应放大了。一个可能的驱动因素是 20 世纪 80 年代初失业率的急剧上升，这使得愿意与经济条件较差的女性结婚的男性人数减少，进而导致这些女性更不愿在婚后生育。从图 2.4 和图 2.6 可以看出，失业率上升的时间大致与婚外生育率和结婚时间的推迟相吻合。尽管失业率随后下降，但其上升幅度足以使单身母亲的实际比例高于图 2.7 中 B 所示的均衡水平，进而改变了后续群体的预期，最终在均衡点 C 所示的水平下实现均衡。

更广泛地说，我们正在寻找开启社会互动效应动力的催化剂。或许我们能够通过比较不同国家婚外生育率的变化来增加认识。图 2.8 绘制了 1980 年前后一些欧洲国家婚外生育率快速上升的情况。法国、英格兰和威尔士之间的相似性引人注目，荷兰、爱尔兰、西班牙和葡萄牙的婚外生育率也从 1980 年后开始出现了快速上升，近年来，其他欧洲国家也出现了大幅上升。比如，德国自 20 世纪 90 年代中期开始（2004 年达到 29%），意大利自 20 世纪 90 年代末开始（2004 年达到 17%），婚外生育率都出现了大幅上升。无论催化剂是什么，它似乎都不只影响某一个特定国家。

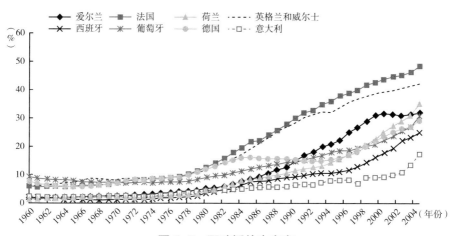

图 2.8 西欧婚外生育率

20 世纪 80 年代初期，上述所有国家的失业率都大幅上升（Nickell et al.，2005），因此失业率很可能成为催化剂的一个备选项。图 2.9 绘制了一些欧洲国家和美国 1979~2004 年婚外生育率和 1973~1987 年平均失业率变化的"散点图"。其中，婚外生育率数据的时间更长，以便考虑社会互动效应的影响。西班牙在图 2.9 的最右边，是一个离群值，但总体趋势是，20 世纪 80 年代失业率上升幅度较大的国家，其婚外生育率的上升幅度往往也会更大[19]。

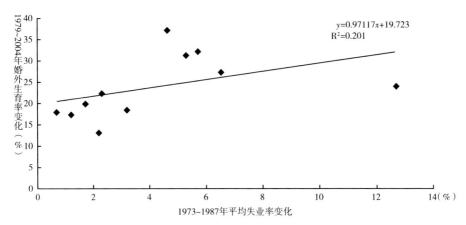

图 2.9　1979~2004 年婚外生育率和 1973~1987 年平均失业率变化

婚前出生率的受教育程度差异——按出生分组的变化情况

第四部分模型预测发现经济前景较差的女性更可能成为单身母亲。具体而言，受教育程度低的女性在婚姻和劳动力市场上的前景更差，她们在做出婚姻决策时对失业更为敏感，因为潜在配偶的收入会更多地受到失业的影响。此外，假设一个人的参考群体由受教育程度相似的人组成，图 2.7 中的曲线代表那些"受教育程度低"的人，而那些"受教育程度高"的人由类似的但更低的曲线表示，该曲线仅与 45 度线相交一次。因此，两个受教育程度不同的群体在成为单身母亲的均衡比例上最初差异很小，且两者的比例都很低。假设社会经济环境发生了

某种突变（如失业率上升），这种变化会使得低受教育程度组别中的女性成为图
2.7 中位于中等（不稳定）均衡点（B）以上的单身母亲的实际比例上升。然后，
社会互动效应的驱动力会将均衡点（B）推向更高的均衡点（C）。在这种新的
均衡中，受教育程度不同的群体在均衡比例上的差异将变大。利用女性生育历
史的微观个体数据，本节将探讨婚外生育的受教育程度的差异是否越来越大。

这些数据来自英国家庭调查小组（BHPS）对同居、结婚和生育历史的调
查，该调查小组更新了 1993~2005 年的信息 [20]。为了简单起见，该数据采用二
分法来衡量女性间受教育程度的差异，具体为女性的最高学历是否低于正常
人在 16 岁时获得的 "O-levels"（即后来的 "普通中等教育证书"），低于这一
标准的女性被称为 "低学历" 女性。数据中有三组不同的人群，她们分别出
生于 20 世纪 50 年代、60 年代和 70 年代，并大约在 20 年后达到了婚前生育
的法定年龄。需要注意的是，上述这些群体都是 "后避孕药时代" 中的成年
群体。h_{jt} 为因变量，表示女性 j 在 t 岁时婚前首次生育的 "风险率"。本章假
设女性从 14 岁起就面临生育风险，当她们结婚或生育第一个孩子时，她们就
退出了生育风险人群。从 14 岁到她们参加最后一次调查，没有子女和从未结
过婚的女性始终处于风险之中，直到最后一次调查结束为止 [21]。

为了用一个简单的参数来比较各组样本，我们对每组样本都估算了一个
"比例风险" 模型，具体如下：

$$h_{jt} = g(t) \exp(\beta E_j) \tag{2.2}$$

其中 E_j=1 表示低学历的女性，E_j=0 表示高学历的女性。函数 $g(t)$ 是未
指定的年龄段函数。该模型有以下特征：对于同龄的两个女性 j 和 k，其风险
率之比等于 $h_{jt}/h_{kt}=\exp[\beta(E_j-E_k)]$。通过 Cox 部分似然法估计参数 β，表 2.3
报告了 $\exp(\beta)$ 的估计值，即低学历女性与高学历女性婚前生育风险的比值。

表2.3　首次生育为婚前生育的比例：按受教育程度分组

出生组	1950~1960 年	1960~1970 年	1970~1980 年
$\exp(\beta)$	3.04	3.95	4.41
标准差	(0.60)	(0.45)	(0.44)
β 系数与 1950~1960 年组无差异检验的 p 值	n/a	0.255	0.096
β 系数无差异联合检验 p 值		0.244	
对数秩检验，$\chi^2(1)$	35.43	171.98	265.54
受教育程度高的样本量	468	851	1375
受教育程度低的样本量	795	986	1062
样本总数	1263	1837	2437
婚前生育的样本量	148	419	516

注：首次生育为婚前生育的 Cox 比例风险模型。

表2.4　首次生育为婚前生育的比例：按受教育程度分组

A. 在首次同居关系之前

出生组	1950~1960 年	1960~1970 年	1970~1980 年
$\exp(\beta)$	2.22	3.98	4.71
标准误	(0.37)	(0.49)	(0.66)
β 系数与 1950~1960 年组无差异检验的 p 值		0.003	0.000
β 系数无差异联合检验 p 值		0.0008	
对数秩检验，$\chi^2(1)$	24.22	145.96	149.88
受教育程度高的样本量	514	887	1330
受教育程度低的样本量	871	1075	1066
样本总数	1385	1962	2396
婚前生育的样本量	182	361	278

注：首次生育为婚前生育的 Cox 比例风险模型。

B. 在首次同居关系内

出生组	1950~1960 年	1960~1970 年	1970~1980 年
$\exp(\beta)$	1.74	2.30	2.50
标准差	(0.61)	(0.42)	(0.36)
β 系数与 1950~1960 年组无差异检验的 p 值		0.562	0.406

| | | | 续表 |
出生组	1950~1960 年	1960~1970 年	1970~1980 年
β 系数没有差异的联合检验的 p 值		0.697	
对数秩检验，$\chi^2(1)$	2.54	21.96	43.45
受教育程度高的样本量	147	414	464
受教育程度低的样本量	155	375	447
样本总数	302	789	911
婚前生育的样本量	37	131	218

注：首次生育为婚前生育的 Cox 比例风险模型。

尽管只有 20 世纪 70 年代的风险比显著大于 50 年代的风险比（在 10% 显著性水平下），但各组群中风险比的估计值有所增加。表 2.4 将首次生育为婚外生育的情况分为两种，分别是首次婚外生育发生在同居关系前和首次婚外生育发生在同居关系内。我们发现，较晚生育的样本组（1970~1980 年）的风险比更高，尽管只在非同居关系中出生的风险比下显著[22]。这一证据与在受教育程度较低的女性中出现的"高水平均衡"不太一致。

同居结合的扩散

如图 2.8 所示，许多国家婚外生育的增加与同居结合的增加密切相关。例如，20 多岁发生同居的女性占比较高的国家，婚外生育率也往往较高（Ermisch，2003）。2004 年，英格兰和威尔士约有 64% 的婚外生育出现在同居期内[23]。其他一些国家的比例更高，法国 1964~1969 年出生的女性中，有 75% 的婚外生育源于同居结合（Le Goff，2002）；在葡萄牙和挪威，2004 年和 2005 年有 80% 的婚外生育源于同居结合；瑞典 1995~1997 年有 90% 的婚外生育源于同居结合[24]；美国 1990~1994 年非西班牙裔白人女性的婚外生育中有一半源于同居结合（Bumpass and Lu，2000）。

因此，过去 25 年私生子数量剧增的另一种解释（或补充说明）是同居结合（而不是结婚）的女性比例大幅上升。我们可以通过英国同居行为的动态变化得到原因，通过对 BHPS 的数据进行分析我们发现：在结婚或结束同居关系之前，同居结合的持续时间通常很短，在 20 世纪 50 年代和 60 年代出生的女性中，同居结合持续时间的中位数约为两年，而 70 年代出生的女性的平均持续时间上升到 3.5 年。女性首次同居结合破裂且没有结婚的比例呈上升趋势：20 世纪 50 年代、60 年代和 70 年代分别为 30%、37% 和 50%。同居结合破裂后，大多数重新选择伴侣的人，也会通过同居结合开始下一段伴侣关系。他们花费两年左右的时间就可以形成新的同居关系，而这种关系面临着较高的破裂风险。因此，我们认为首次同居结合所花费的时间、较高的破裂风险以及再次同居结合所需花费的时间都会导致结婚前需要耗费的时间变得更长，因此婚外生育的风险也变得更大。此时，在先前讨论的样本组中，首次结成伴侣关系的时间延迟也会使婚外生育的风险增加。对同居结合之外其他结成伴侣关系的形式而言，未婚同居时间的增加也会导致婚外生育的增加。这说明已婚女性比例的下降能够在很大程度上解释婚外生育率的上升，这与我们在第 3 节讨论过的内容一致。

但是为什么当更多女性未婚同居后，婚外生育率却没有下降呢？因为只要女性愿意，她们有办法（包括避孕和合法堕胎）避免婚外生育，那么她们用同居结合代替婚姻就不一定会提高婚外生育率。考虑到这一点，我们又回到第 4 节和第 5 节的模型给出的解释：有意做出婚外生育的决策以及抑制婚外生育的社会耻辱感逐渐消失。此外，从人口统计学角度，为什么同居结合会成为女性首次伴侣关系的常见类型？如果存在反对同居结合的情况，则其所造成的羞耻感和同居人数剧增可能是由于第 5 节所说的同居结合的社会互动模型所造成的。

除了避孕药和合法堕胎，另一个导致首次结成伴侣关系的时间推迟和改变的驱动因素可能是年轻人受教育程度的重要变化。例如，1992 年有 1/3 的 18 岁青少年接受全日制教育，而 1979 年这一比例仅为 15%。Bagnoli 和 Bergstrom（1993）认为，那些希望较晚时期能获得成功的年轻男性会推迟结婚，直到他们的成功对潜在的伴侣具有明显的吸引力时才会结婚，而那些不期望自己的经济地位有太大提升的人会在年轻的时候结婚。受过高等教育的人通常会在事业方面花费更长的时间，并且他们的收入往往会在人生的后期才达到顶峰。因此，随着越来越多的年轻男性接受高等教育，延迟结婚以获得更好经济地位的年轻男性的比例可能会上升。同样的情况也可能发生在女性身上，受过高等教育的女性更愿意嫁给受过高等教育的男性。

超过一定年龄的年轻人可能更愿意有一个同居伴侣，特别是在避孕手段较为可靠的时代，而同居关系能够迎合这种偏好并且允许他们延迟结婚。因此，较高的受教育程度既会鼓励他们晚些时候建立婚姻关系，又会鼓励他们同居。与上文中的论述一致，我们观察到同居关系无法长久的"魔咒"能够用两个原因来解释：人们既可以通过婚前同居来等待经济地位的提高，也可以在实现长期承诺前与伴侣不断磨合。同居结合可以满足结婚前期的过渡需要，但在这一过程中，同居关系较为脆弱，很容易破碎。

表 2.5 中提供了首次成为伴侣的年龄和首次同居结合的证据（来自 BHPS 的数据）。A 显示了根据公式（2）的比例风险模型对首次结成伴侣关系的估计结果。结果表明，20 世纪 50 年代和 60 年代出生的人在第一次结成伴侣的时间上，其受教育程度的差异很小。受教育程度较低的女性的风险率高出约 30%，但在 20 世纪 70 年代的样本中，受教育程度对伴侣关系形成的影响扩大，即受教育程度较高的女性愿意为了结成伴侣关系而等待更长的时间。B 中给出了 Logistic 模型的估计值，该模型计算了女性在首次结合中选择同居的概率（与结婚相比）。正如上文的论述，对于 20 世纪 50 年代和 60 年代出生的受教育程度较低的女性来说，在第一次恋爱中同居的可能性要低得多，但随着同居

在第一次恋爱过程中成为普遍现象（85%），这种结论对于 20 世纪 70 年代的女性群体已不再适用[25]。上述结果与社会互动效应一致，婚前同居动机行为从受教育程度较高的女性扩散到了大部分人群中。

因此，同居结合广泛地取代结婚，这使得同居结合在人们的生活中变得普遍起来，我们也可以将婚外生育的增加归因于社会互动效应与高等教育普及的联合效应。但是为了证明这个观点的正确性而去证明很多大学毕业生是在同居结合中生育的是没有必要的（实际上他们并没有）。尽管他们是利用同居构建伴侣关系方面的先行者，但社会互动效应会将这种行为广泛地传播到更愿意在同居结合关系中生育的人那里（见第 4 节）。

表 2.5　第一次结成伴侣关系：按受教育程度分组

A. 首次同居的年龄			
出生队列	1950~1960 年	1960~1970 年	1970~1980 年
exp (β)	1.30	1.28	1.39
标准差	(0.08)	(0.07)	(0.08)
β 系数与 1950~1960 年组无差异检验 p 值		0.148	0.003
β 系数没有差异的联合检验的 p 值		0.012	
受教育程度高的样本量	517	901	1334
受教育程度低的样本量	877	1085	1071
样本总数	1394	1986	2405
首次结合为伴侣关系的样本数量	1100	1581	1291

注：形成首次伴侣关系的 Cox 比例风险模型。

B. 同居结合相对于婚姻的概率			
	1950~1960 年	1960~1970 年	1970~1980 年
β 系数	−0.68	−0.36	0.18
标准误	0.14	(0.10)	(0.15)
β 系数与 1950~1960 年组无差异检验 p 值		0.023	0.000
β 系数没有差异的联合检验的 p 值		0.000	
受教育程度高的样本量	395	692	622
受教育程度低的样本量	705	889	669

			续表
	1950~1960 年	1960~1970 年	1970~1980 年
样本总数	1100	1581	1291
首次结合为伴侣关系的样本数量	298	964	1071

注：首次伴侣关系中同居的概率的 Logistic 模型。

结　论

1845~1960 年，婚外生育率均值在 5% 的范围内小幅波动。第一次世界大战之前的高失业率抑制了婚姻的形成并提高了婚外生育率，但随后整体婚姻状况逐渐好转。这与劳动力市场的恶化导致准新娘怀孕但是结婚受阻的情况有关，这进一步增加了私生子的数量。在两次世界大战间，高失业率继续使得婚姻延迟，但婚外生育不再与失业相关。

1960 年以后，婚外生育率开始缓慢攀升，在 1980 年后开始急剧上升，并在 2004 年达到 42%。这在一定程度上是 20 世纪 70 年代中期至 90 年代初期 20~34 岁年龄段女性的婚外生育率急剧上升的结果，此后婚外生育率一直稳定在较高水平。在平均婚外生育率和各年龄段婚内生育率一定的情况下，婚外生育率的上升主要是因为 20~34 岁年龄段女性的结婚比例大幅下降，而这又与同居结合关系的剧增有关。然而，无论是同居关系最终破裂还是进一步转变为婚姻关系，同居结合的时间都是十分短暂的。但这引出了一个问题：为什么当更多的女性选择同居后，平均婚外生育率却没有下降？如果女性想要避免婚外生育，她们确实有办法——1969 年堕胎合法化和 1975 年后未婚女性可以免费获得避孕药。因此，同居结合作为婚姻的替代品不一定会提高婚外生育率。

一个将婚外生育作为可选项的婚姻市场搜索（也就是求爱）理论解释了在生育能力可控的条件下，婚外生育也是一种理性选择。由于社会对单身母亲的歧视，单身母亲的福利很可能受到人群中单身母亲普遍程度的影响。当婚外生育很少见时，社会不鼓励婚外生育，而婚外生育决定性因素的暂时变化，如 20 世纪 80 年代初期失业率的大幅上升，可能会使得女性的社会耻辱感迅速消退并不断强化婚外生育的观念。这种驱动因素集中出现在有更强动机进行婚前生育的人群中，如受教育程度较低的女性。确实有证据表明，随着婚外生育越来越普遍，女性受教育程度的差异会影响婚前生育的概率。另一种替代或补充的解释则强调同居关系的普及和婚姻延迟的作用，它们增加了未婚人口的数量从而提升了婚外生育率。这一观点也指出了社会互动效应模型在解释同居关系剧增方面的作用，本章也提供了同居关系从受教育程度较高的人群向受教育程度较低的人群扩散的证据。

附录：BHPS

1991 年秋，BHPS 调查采访了 5500 个具有代表性的住户样本，该样本集一共包括 10000 人。同一个人每年都会被重新面谈，如果他们从原来的家庭中分离出来组成新的家庭，则新家庭的所有成年成员也会被面谈。当原有家庭的孩子年满 16 岁时，他们也会接受调查。因此，随着 20 世纪 90 年代英国人口状况的变化，该样本仍然具有广泛的代表性。核心调查问卷在每年的访谈中都会收集有关收入、劳动市场行为、住房条件、住房构成、教育和健康的信息。

BHPS 的第二波调查在 1992 年的最后一个季度完成，包括英国 9459 名 16 岁以上成年人的完整的生育经历、所有婚姻状况以及同居的经历。关于同居的信息由以下问题引出："正如你所知道的，有些夫妻并没有真正结婚就住在一起。你曾经和别人同居三个月或更长时间吗？"如果答案是肯定的，那就问受访者有多少段这样的同居结合经历，以及他们开始和结束同居的月份和年份。1999 年补充了苏格兰和威尔士的样本，并于 2001 年收集了这些受访者的人口统计历史信息。2001 年增加了北爱尔兰的样本，并于 2002 年收集了这些受访者的人口统计历史信息。这些历史记录与 1991~2003 年的年度访谈所得的资料相吻合。这为每个人提供了一份他们在小组中参与面谈的最后一年的历史记录，也为那些在 1992 年、2001 年或 2000 年没有报告完整历史的人提供了部分历史记录。

注　释

　　*感谢蒂姆·哈顿就本章早期版本提出的建议和意见，感谢基亚拉·普隆扎托通过回顾和展望面板数据信息构建了人口历史统计文件，感谢与会者就本章较早版本提出的意见。

　　1. 与将 y_t 视为协方差平稳不同，如果其形式为 $y_t=\alpha+y_{t-1}+u_t$，那么它存在"单位根"，其中 u_t 遵循一个平稳且可逆的自回归移动平均（ARMA）过程。ADF 检验的原假设为模型 $y_t=\alpha+py_{t-1}+u_t$ 中 $p=1$。拒绝原假设说明符合平稳性。变量级别的 DF 统计量几乎不拒绝原假设。

　　2. 若给定变量 y 的过去值，变量 x 的过去值能够预测 y，则称变量 x 是变量 y 的格兰杰（Granger）原因。在实际操作时，在变量 x 的过去值与变量 y 的过去值的回归中，拒绝变量 x 过去的数值的系数为零的假设是存在格兰杰因果关系的证据。

　　3. 失业对婚外生育没有影响也可能是因为在两次世界大战之间形成了普遍的性约束文化。

　　4.1938~1964 年，15~34 岁女性所生的婴儿约占所有新生儿的 85% 和婚外新生儿的 90%。1964~2003 年，15~34 岁的女性生育了约 90% 的新生儿和 93% 的婚外新生儿。

5. 各年龄段女性的生育率分别为 4.3% 和 7.2%。

6. 各年龄段女性的生育率分别为 9.1% 和 41.4%。

7. 这些估计来自 BHPS 数据库中的伴侣历史信息数据，详见附件。

8.Goldin 和 Katz（2002）在美国的单身女性中也发现了类似的避孕药物扩散现象，但原因不同。

9. 参见 Goldin 和 Katz（2002）的论述，20 世纪 70 年代，大部分美国年轻人推迟结婚的原因与避孕药有关。

10. 原因并不在于低水平的婚前性行为：1974~1999 年，日本大专和大学女生有过性行为的比例从 11% 上升到了 51%。直到 1999 年，避孕药才在日本合法化。合法且社会可以接受的主要避孕措施是避孕套，并辅以堕胎，婚前怀孕后没有很快结婚的结局几乎总是流产。参见 Retherford 和 Ogawa（2006）。

11. 下面是 Burdett 和 Ermisch（2002）及 Ermisch（2003）中给出的匹配模型的简要描述。

12. 其他的婚外生育和婚姻决策的模型都假定效用可以转移，且婚姻市场不存在摩擦（Willis，1999；Neal，2004）。这些模型也发现，"禀赋"较低的女性（即在婚姻市场上价值较低的女性）可能会促使婚外生育模型处于均衡状态。

13. 同样的预测来自大多数婚外生育的经济模型，参见 Rosenzweig（1999）、Nechyba（2001）或 Neal（2004）。

14. 对 1970 年出生并在 20 世纪 80 年代末和 90 年代进行生育与伴侣关系决策的女性群体的分析（Del Bono，2004）表明，在男性失业率较高的国家，女性更难建立婚姻关系。这与该模型的预测是一致的。

15. 在官方统计数字中，根据 1967 年的《流产法》，怀孕的定义是活产、死产或合法终止妊娠，而流产、非自然流产和非法流产被排除在外。由于英国国家医疗服务体系（NHS）提供堕胎服务，因此统计数据包括了几乎所有的人工流产。数据来自《出生统计》（各年度，表 12.5 和表 12.6）。

16. 每一种情况的剩余部分都是以堕胎作为结局的怀孕。直到 20 世纪 70 年代中期，在每个相隔 5 岁的年龄组中，婚前怀孕的比例都在不断上升，并在之后进入相对稳定的状态。

17. Schelling（1978）、Manski（1993）及 Durlauf 和 Young（2001）讨论了这类模型。正式模型可以写成 $P=H[\alpha+\beta P^e+Z'\eta]$，$P$ 的概率是一个女性成为一个单身母亲的概率，P^e 是"参照群体"中的人成为单身母亲的预期比例，Z 表示个人属性向量，H（·）是一个指定的连续严格递增分布函数，如 Logistic 分布函数。α 为参数。社会污名、社会影响或社会认可效应意味着 $\beta>0$。

18. Nechyba（2001）分析了一个类似的模型，以考察国家福利对单身母亲在婚外生育方面的影响。

19. 从左至右依次为瑞典、美国、奥地利、意大利、葡萄牙、德国、法国、荷兰、英国、爱尔兰和西班牙。值得注意的是，当忽略西班牙时，回归线是 $y=2.9751x+13.835$，R^2 为 0.612。

20. 详见附录。非常感谢基亚拉·普隆扎托将回顾性和前瞻性的面板信息结合起来构建了人口统计历史文件。

21. 因此，有两类人受到"审查"：没有孩子的已婚人士和那些在最后一次接受采访前既没有结婚也没有孩子的人士。

22. 幸存者函数与风险函数相关联。在这种情况下，它是无子女和从未结婚的幸存者的比例。表 2.3 和表 2.4 报告了两组不同受教育程度人群幸存者函数平等程度对数秩检验的 x^2 统计量。在时间离目前最为接近的测试群体中，检验统计量数值明显地增加了，表明在他们的幸存者函数中存在更大的差异。因此，这一非参数检验也支持更大的受教育程度差异的出现可能是由社会互动效应驱动的。

23. 这个数字是根据父母双方在同一地址共同登记的婚外生育率估计的。

24. 在联邦德国 1964~1969 年出生的女性中，65% 的婚外生育是在同居关系中发生的（Le Goff, 2002）。

25. 20 世纪 50 年代、60 年代和 70 年代是否具有更高的受教育程度（即高于"A 级"资格，通常在 18 岁之后获得，或者是护理资格）对人们的第一次伴侣关系是否为同居形式的影响系数（括号内为标准误）分别为 0.64（0.13）、0.54（0.12）和 −0.38（0.17）。需要注意的是，在 20 世纪 70 年代建立伴侣关系的样本组中，受教育程度较高的女性样本不足，这既是因为她们没有建立伴侣关系，也是因为她们中的一些人没有时间接受高等教育。

参考文献

Bagnoli, M. and Bergstrom, T. (1993), "Courtship as a Waiting Game", *Journal of Political Economy 101:* 185–202.

Boyer, G.R. and Hatton, T.J. (2002), "New Estimates of British Unemployment, 1870–1913", *The Journal of Economic History* 62: 643–75.

Bumpass, L. and Lu, H.H. (2000), "Trends in Cohabitation and Implications for Children's Family Contexts in the United States", *Population Studies* 54: 29–41.

Burdett, K. and Ermisch, J.F. (2002), "Single Mothers", Working Paper Institute for Social and Economic Research Working Papers. Paper 2002–30, Colchester: University of Essex.

Cook, H. (2004), *The Long Sexual Revolution. English Women, Sex and Contraception 1800–1975*, Oxford: Oxford University Press.

Del Bono, E. (2004), "Pre-marital Fertility and Labor Market Opportunities: Evidence from the 1970 British Cohort Study", IZA Discussion Paper No. 1320, Bonn.

Durlauf, S.N. and Young, H.P. (eds.) (2001), *Social Dynamics*, London: MIT Press.

Ermisch, J.F. (2001), "Cohabitation and Childbearing outside Marriage in Britain", in L. Wu and B. Wolfe (eds.), *Out of Wedlock*, New York: Russell Sage Foundation.

Ermisch, J.F. (2003), *An Economic Analysis of the Family*, Princeton: Princeton University Press.

Ermisch, J.F. and Francesconi, M. (2000), "Cohabitation in Great Britain: Not for Long, But here to Stay", *Journal of the Royal Statistical Society, Series A*, 163: 153–171.

Goldin, C. and Katz, L.F. (2002), "The Power of the Pill: Oral Contraception and Women's Career and Marriage Decisions", *Journal of Political Economy* 110: 730–770.

Hair, P.E.H. (1970), "Bridal Pregnancy in Earlier Rural England Further Examined", *Population Studies* 24: 59–70.

Humphries, S. (1988), *A Secret World of Sex. Forbidden Fruit: The British Experience 1900–1950*, London: Sidgwick and Jackson.

Laslett, P. (1977), *Family Life and Illicit Love in Earlier Generations*, Cambridge: Cambridge University Press.

Laslett, P. (1980), "Introduction: Comparing Illegitimacy over Time and between Cultures", in P. Laslett, K. Oosterveen and R. Smith (eds.), *Bastardy and Its Comparative History*, London: Edward Arnold.

Le Goff, J.-M. (2002), "Cohabiting Unions in France and West Germany: Transitions to Irst Birth and First Marriage", *Demographic Research* 7: 593–624 (www.demographic-researc.org/Volumes/Vol7/18).

Manski, C. (1993), "Identification of Endogenous Social Effects: The Reflection Problem", *Review of Economic Studies* 60: 531–542.

Neal, D. (2004), "The Relationship between Marriage Market Prospects and Never-married Motherhood",

Journal of Human Resources 39: 938–957.

Nechyba, T.J. (2001), "Social Approval, Values, and AFDC: A Reexamination of the Illegitimacy Debate", *Journal of Political Economy* 109: 637–672.

Nickell, S., Nunziata, L. and Ochel, W. (2005), "Unemployment in the OECD since the 1960s. What do We Know?", *The Economic Journal* 115: 1–27.

Oosterveen, K., Smith, R.M. and Stewart, S. (1980), "Family Reconstitution and the Study of Bastardy: Evidence from Certain English Parishes", in P. Laslett, K. Oosterveen and R. Smith (eds.), *Bastardy and Its Comparative History*, London: Edward Arnold.

Retherford, R. and Ogawa, N. (2006), "Japan's Baby Bust: Causes, Implications, and Policy Responses", in F.R. Harris (ed.), *The Baby Bust*, Oxford: Rowman and Littlefield.

Rosenzweig, M.R. (1999), "Welfare, Marital Prospects and Non-marital Childbearing", *Journal of Political Economy* 107: S1–32.

Schelling, T.C. (1978), *Micro-motives and Macro-behavior*, New York: W.W. Norton.

Shorter, E., Knodel, J. and Van De Walle, E. (1971), "The Decline of Non-marital Fertility in Europe", *Population Studies* 25: 375–393.

Smout, C. (1980), "Aspects of Sexual Behavior in Nineteenth Century Scotland", in P. Laslett, K. Oosterveen and R. Smith (eds.), *Bastardy and Its Comparative History*, London: Edward Arnold.

Southall, H. and Gilbert, D. (1996), "A Good Time to Wed? Marriage and Economic Distress in England and Wales, 1839–1914", *The Economic History Review* 49: 35–57.

Szreter, S. (1996), *Fertility, Class and Gender in Britain, 1860–1940*, Cambridge: Cambridge University Press.

Willis, R.J. (1999), "A Theory of Out-of-wedlock Childbearing", *Journal of Political Economy* 107: S33–64.

Wrightson, K. (1980), "The Nadir of English Illegitimacy in the Seventeenth Century", in P. Laslett, K. Oosterveen and R. Smith (eds.), *Bastardy and Its Comparative History*, London: Edward Arnold.

3

20世纪初流行病、示范效应与美国城市的卫生基础设施投资

路易斯·凯恩

艾莉丝·罗泰拉

Louis Cain

Elyce Rotella[*]

1899~1929 年，美国城市对污水处理厂投入了大量资金。这些投资将随着新政资金（New Deal Dollars）的到位而增加，但本章将重点关注早期阶段，也就是城市自身承担全部建设成本的时期。19 世纪末，大多数美国城市已经建立了供水和排污系统，我们将注意力转移到污水的处理上，特别是污水过滤和净化两个方面。在本章中，我们不研究供水和污水处理服务的基础工程建设，而是研究这些工程是如何运作的。

病菌理论的发展为人们了解供水和污水处理服务的好处提供了理论基础。我们主要关注两股推动供水卫生发展的力量——流行病和示范效应。我们认为，流行病对政治市场需求方的影响最大，因为他们决定了对卫生基础设施的投资，即流行病促使城市居民要求政治家为他们提供更好的卫生服务。相比之下，为了降低信息成本，示范效应对供给侧的影响最大[1]。所以，这一时期卫生服务量的剧增是由需求和供给的共同变化造成的。

我们在第 1 节表明，用于供水、污水和垃圾处理的资金（同时包括运营支出和资本支出）对降低水传播疾病的死亡率有很大作用。在第 2 节，我们总结了之前有关流行病与水传播疾病关系的研究，并在第 3 节对示范效应进行了更广泛的讨论。第 4 节展示了有关供水和污水处理的特殊资本支出集聚特征的证据，最后一节为研究总结和结论。

卫生支出对死亡率的影响

19 世纪末，人们普遍认为卫生服务可以降低某些原因造成的死亡率，其中包括伤寒、腹泻和痢疾。为了评估城市人口死亡率与市政卫生支出之间的关系，我们收集了 1899~1929 年美国所有拥有市政供水的城市的死亡率和卫生支出数据。1920 年人口普查的样本总量超过 10 万，其中关于死亡率和卫生支出的数据几乎是完整的，该数据库提供了 48 个城市的样本。

死亡率的数据来自美国劳工统计局（Bureau of Labor Statistics）和美国人口普查局（Census Bureau）的统计公报与城市年度死亡率的统计，后者提供了死因的统计数据。在此基础上我们构建了一个水传播疾病死亡率数据集合，其中包括伤寒、腹泻和痢疾所造成的死亡[2]。有关市政卫生支出的数据被公布在各种人口普查公告（Census Bulletins）和城市财政统计（Financial Statistics of Cities）中。我们还使用了供水和污水处理厂年度运营成本和资本成本数据[3]。

我们使用这些数据，采用固定效应模型来估计水传播疾病死亡率的决定因素，表 3.1 为估计结果。

表 3.1　水传播疾病死亡率回归结果

变量	系数	t 值	均值
WATKALL	−0.0009	−0.53	33.33
WATERAV3	0.0413	1.66	1.48
SEWKALL	−0.0120**	−5.58	13.92
SEWERAV3	−0.0812	−1.17	0.29
REFUSE	−0.0603**	−2.19	1.00
YEAR	−0.0788**	−20.02	1915.5
ASSDPC	0.0061*	2.00	11.03
LANDAREA	0.00019	0.81	270.53
WAR	0.2634**	7.29	0.14
LATE 20	−0.0810**	−2.10	0.11
R^2	0.834		
N obs.	1109		

因变量为水传播疾病死亡率的自然对数

注：*、** 分别表示在 10%、5% 的置信水平下显著。
WATKALL：观察年度前自来水厂所有资本支出加上 1899 年（或购置年度）市政自来水厂的人均价值。
WATERAV3：前两年及观察年度自来水厂和污水处理厂的平均运营支出，按人均计算。
SEWKALL：截至观察年度，污水处理厂的资本支出总额，按人均计算。
SEWERAV3：前两年和所观察年度污水处理厂的运营支出，按人均计算。
REFUSE：前两年和所观察年度用于垃圾收集和处理的支出，按人均计算。
YEAR：年度趋势变量。
ASSDPC：单位为百美元/人。
LANDAREA：单位为百平方英里。
WAR：年份虚拟变量，若年份为 1917~1920 年，则取值为 1。
LATE 20：年份虚拟变量，若年份为 1925~1927 年，则取值为 1。

在控制了第一次世界大战的长期趋势和短期影响后，卫生基础设施的资本支出和运营支出对降低水传播疾病的死亡率产生了很大的影响。利用这些回归结果，我们估计发现所有类别的卫生支出每增加 1%，将使得每年因伤寒、腹泻和痢疾等死亡的人数降低 3%。因此，市民有充分的理由要求城市提供卫生服务，城市也的确从卫生基础设施的投资中获得了巨大回报——通过卫生基础设施建设降低了死亡率[4]。

流行病的影响

19 世纪初，人们对火灾的恐惧增加了对城市供水服务的需求。20 世纪初，人们对伤寒和霍乱的恐惧增加了他们对改善供水条件的需求。其实在病菌理论解释其因果关系之前，人们就认识到污水与疾病有关，他们广泛传阅了 Chadwick（1842）、Shattuck（1948）和其他人关于卫生基础设施与疾病之间关系的报告。在马萨诸塞州劳伦斯实验站（Lawrence Experimental Station）等地进行的过滤实验以及在欧洲和北美一些城市对供水和排水进行的过滤实践都使城市居民确信他们要求政府对自来水厂和污水厂进行改进是正确的。在之前的一篇文章中（Cain and Rotella，2001），我们采用一种统计方法考察了死亡率（由流行病造成）是否会促使城市卫生支出发生变化，即观察城市死亡率的冲击是否会立即带来卫生支出的显著增长。

我们将死亡率的冲击定义为该年份实际水传播疾病的死亡率，超过了该城市 1899~1929 年死亡率趋势的一个标准差。水传播疾病的死亡率冲击被分为 98 个流行期（有些持续一年以上），它们主要集中在 1906~1910 年，很少发生在第一次世界大战期间，仅有 3 个流行期出现在 20 世纪 20 年代。卫生支出"响应"是指在发生死亡率冲击后的 3 年内，卫生支出数据中具有类似死亡率定义的冲击（卫生支出超过长期趋势一个标准差）。在 98 个流行期中，有 29 个流行期，受影响的城市没有做出任何"响应"。而在其他的流行期中，在发生死亡率冲击后的 3 年内，该城市的卫生支出大大高于其长期趋势。也就是说，我们发现 69 个高死亡率流行期中出现了"响应"现象。

我们从《工程新闻》（Engineering News）中收集关于死亡率冲击和市政支出"响应"的报告。《工程新闻》是一本"土木、机械、采矿和电气工程"领域非常受欢迎的杂志，该杂志定期刊登美国卫生基础设施建设与发展的相关新闻。如果伤寒暴发，该杂志可能会刊登一篇关于其暴发原因和潜在治疗方法的文章；如果建设了一个新的净水厂，该杂志可能会发布一篇包括相关工程的图纸和图片主题的文章。

我们找到了《工程新闻》中关于上述 69 个有所"响应"的流行期中的 14 个流行期（20%）和 29 个无"响应"的流行期中的 6 个流行期（21%）的信息。每个案例中导致死亡率冲击发生的疾病都是伤寒，其中水污染受到了大家的集中关注。在杂志中被提及的 14 个流行期中的 13 个流行期里，我们找到了关于卫生支出"响应"的相关信息。在杂志中提及的 6 个没有卫生支出"响应"的流行期内，我们找到了没有卫生支出"响应"的原因。

因此，虽然不是每一种流行病都产生了卫生支出"响应"，但我们仍能得出结论：流行病的确经常造成一些"危机时刻"并促使城市通过投资卫生基础设施来做出"响应"。我们认为，供水和污水处理厂在处理流行病方面的成功能够解释本章样本中随后几年死亡冲击减少的现象。公众要求继续建设供水和污水处理厂以确保死亡率不会回到 19 世纪的水平。

示范效应

虽然水传播导致疾病的流行在刺激公共卫生服务需求方面发挥了关键作用，但示范效应也在供给侧造成了重大的变化。本章中示范效应定义的范围相当宽泛，即从其他地方或城市本身的实践中获得的信息。示范效应有多种形式，其中其他城市的经验最为重要。1892年德国暴发霍乱时，出现了一个关于示范效应的著名案例。汉堡发生了疫情，64万人口中有17000例病例（其中8000人死亡），但在毗邻的阿尔托纳市，15万人口中只有500例病例（其中300人死亡），显著的差异意味着汉堡的感染率是阿尔托纳的8倍。这两个城市都从易北河取水，但阿尔托纳对供水进行了过滤。由于这种过滤的效果非常明显，汉堡和德国其他城市开始升级其自来水厂（Melosi，2000）。这一事件不仅揭示了过滤是有效的，而且还提供了阿尔托纳安装的特定类型过滤器性能的相关信息。示范效应使其他城市都能够得到这些信息，这样就降低了信息成本，从而使得供水和污水处理服务的供给曲线右移。

游　学

19世纪上半叶，美国工程师要么是在西点军校之类的学校接受正规培训，要么是接受非正式的在职培训，其中许多人在伊利运河（Erie Canal）以工作的形式接受了在职培训。19世纪中叶，一些工程师开始专门研究自来水厂或更为少见的排水设施。

实施一项卫生战略需要巨额的开支。考虑到卫生基础设施项目的建设成本非常高，工程师和聘用他们的城市都认为必须确保"万无一失"。虽然没有万无一失的方法来确保某一特定的技术在特定的条件下是最佳的，但少犯代价高昂的错误有一个好方法，那就是参考其他地方的经验。工程师和政府官员参观了其他地方的相关卫生基础设施并公布了报告，从而方便相互之间更广泛地共享信息。

埃利斯·西尔维斯特·切斯堡于1855年被聘为芝加哥给排水委员会（Board of Sewerage Commissioners）的总工程师，之后他提交了一份报告，其中提到了纽约、波士顿和费城的下水道信息，并表明他通过阅读熟悉了伦敦、巴黎和其他欧洲城市的下水道信息。尽管当时大多数美国城市也有下水道，但没有一个城市拥有全面的下水道系统，所以切斯堡最初提出的建议依赖于他的经验和直觉。他又很快地补充说明了1856年他被派往欧洲时所收集的详细信息，来论证上文所提及的城市所使用的污水处理技术是否符合芝加哥的需要。1858年的报告覆盖了13个欧洲城市，这一报告是卫生工程领域的首批论文之一（Board of Sewerage Commissioners，1858；Cain，1972）。他得出的结论是，没有城市能够提供准确的标准来判断污水直接排入芝加哥河的影响，但他认为这些城市的集体经验表明，保持河流没有污水积聚是非常有必要的。

美国南北战争结束后不久，著名的自来水厂工程师詹姆斯·科克伍德前往圣路易斯市工作。科克伍德作为一位坚定的污水过滤倡导者，在1865年12月被派往欧洲学习过滤这一新技术，他1869年的报告详细介绍了19个欧洲城市的过滤器（filters）和过滤槽（filter galleries）技术（Kirkwood，1869）。在另一位美国工程师艾伦·哈森发表他关于欧洲之行的报告（Hazen，1895）之前，科克伍德的报告是所有文献中唯一有关城市供水过滤的资料来源。尽管加拿大安大略省汉密尔顿市于1859年建造了一个过滤池（filter basin），与此同时第二个过滤池也正在新泽西州纽瓦克市建造，但是在科克伍德的报告发表之时，仍然没有任何一个美国城市完整地建造了供水和污水过滤系统。科克伍德提交了一份过滤器的设计方案，但赶上圣路易斯市的政治变化，当时出台的一项决定使过滤器的建设流产。然而，他的报告被想要模仿欧洲过滤技术的美国其他城市借鉴使用了。在他的书出版后，科克伍德被纽约的波基普西市和哈德逊市聘为过滤工程师。后来，他成为洛厄尔和劳伦斯自来水厂的咨询工程师，这两个自来水厂的过滤系统中都包括过滤槽。这样的过滤项目给美国工程师留下了深刻的印象并很快得到了应用：

> 报告发表后，美国立即建造了大量过滤槽和两个过滤池：1870 年建造于马萨诸塞州的怀廷斯维尔市；1871 年建造于纽约州的斯克内克塔迪市、俄亥俄州的哥伦布市、印第安纳州的印第安纳波利斯市以及艾奥瓦州的得梅因市；1872 年建造于马萨诸塞州的洛厄尔市和沃尔瑟姆市（其中一个是过滤池所在地）；1874 年建造于伊利诺伊州的迪凯特市；1875 年建造于马萨诸塞州的布鲁克莱恩市和劳伦斯市；1878 年建造于佛蒙特州的拉特兰市；1880 年建造于田纳西州的纳什维尔市和印第安纳州的韦恩堡市；1888 年建造于纽约州的格林岛市和胡西克弗尔斯市及伊利诺伊州的斯普林菲尔德市；1891 年建造于马萨诸塞州的雷丁市。这不是完整的列表，在那之后，美国就很少建造天然过滤器了。在加拿大，多伦多市在 1875 年建造了一个过滤池。

> （Baker, 1948）

第二次过滤设施建设浪潮发生在 19 世纪 90 年代，当时大约有 20 个美国城市建造了过滤设施。其中最具影响力的是艾伦·哈森于 1899 年在纽约州奥尔巴尼市建造的一座过滤设施，它是华盛顿、费城和其他一些大城市的典范。切斯堡、科克伍德和哈森等作为咨询工程师奔波于美国各地，他们收集和发布的信息被用于许多项目的建设，并且随着运输成本的下降，过滤设施项目的建设变得更加容易。

到了 1896 年，当匹兹堡市下令对城市供水与公众健康的关系进行研究，并弄清砂滤的可取性时，人们才对过滤技术有了更多的认识。过滤委员会（Filtration Commission）聘请刚刚从欧洲巡游归来的哈森担任咨询工程师。两位与马萨诸塞州劳伦斯水处理系统有关的学者被聘为驻地工程师和病菌学专家。哈森把他渊博的知识运用到了这个课题上，其中包括乔治·富勒在路易维尔市对机械（快速砂型）过滤器研究上所做的具有影响力的贡献。运输成本的降低和美国水处理工程的发展意味着委员们也有可能进行一次考察：

> 1896 年 11 月 11 日，过滤委员会作为一个整体访问了马萨诸塞州劳伦斯市，访问的目的是考察该市正在运营的过滤床（filtering beds），并在返回时花了一天时间考察了纽约市一些从事私人供水的机械过滤厂。1898 年 4 月 19 日和 20 日，过滤委员会主席在水分析委员会（Committee on Water Analysis）主席、匹兹堡市市长和驻厂工程师的陪同下，访问了肯塔基州的路易维尔市和俄亥俄州的辛辛那提市，以考察在这些城市建立大量实验工厂的方法和效果，还参观了肯塔基州科文顿市的自来水厂。
>
> （宾夕法尼亚州匹兹堡市过滤委员会，1899）

出版物

19世纪90年代，《工程新闻》周刊是美国卫生发展的重要信息来源。《工程新闻》不担心编辑的立场，例如，在一篇关于1907年纽约市生活用水供应的文章中，编辑写道：

> 曾几何时，一个城市在投入必要的资金来建造一个净水厂之前可能会犹豫不决，唯恐支出无法达到预期效果，或者由于不必要的支出而带来负担，而这些支出也许本可以通过延期而避免，建设的延期会带来一些更完善且成本更低的处理方法。幸运的是，人们在这个问题上再也没有犹豫的理由了。
>
> （《工程新闻》，1907）

《工程新闻》的一位编辑和其同伴共同编辑整理了一本名为《美国污水处理》（*Sewage Disposal in the United States*）的书。在序言中，摩西·贝克和乔治·拉夫特写道：

> 本书的主要目标是引起卫生管理机构、工程师和对公共卫生问题感兴趣的人的注意，而且关于美国国内污水处理方式，我们已经积累了相当多的经验，因此对于未来希望详细研究这一课题的美国人来说，他们将不再像现在这样为了研究这个问题而不得不出国考察。
>
> （贝克和拉夫特，1894）

这本书的前20章讨论了"原理"以及美国实践中的许多例子。剩下的25章介绍了具体的污水处理工程以及污水处理厂的细节。该书个别章节的标题包括"新泽西州长枝市的化学沉淀与机械分离技术"和"马萨诸塞州南弗雷明翰市的间歇过滤与消污灌溉技术"。这种书成为20世纪早期的文本，信息可得性的提高降低了建设供水和污水处理厂的相关成本，从而增加了供给量。

实验站

实验站提供了供水或污水处理技术的全尺寸模型。第一个实验站于1887年由马萨诸塞州健康委员会（Massachusetts State Board of Health）在劳伦斯市建立。该实验站最初只设立了一个化学实验室，而在两年后又增设了一个病菌实验室。劳伦斯实验站的建设标志着"实验站时代"的到来（Greeley，1953）。1899~1929年，美国在全国各地建造了30多个主要的实验站。

劳伦斯实验站的建立起源于马萨诸塞州健康委员会两位科学家——威廉姆·汤普森·塞奇威克和西奥伯德·史密斯的研究。他们两个人都认识到病菌理论可以将特定的微生物与特定的疾病联系在一起，即人类是传染病病毒的携带者，因此，由于涉及外部性问题，国家不得不与个人建立新的关系（Rosenkrantz，1972）。1883 年，塞奇威克成为麻省理工学院的生物学助理教授，但大学里用于开展实验工作的资源很少。1886 年，马萨诸塞州立法机关通过了一项全面的用水决议，要求健康委员会正式通过供水污染标准。这推动了劳伦斯实验站的建立，原因如下：首先，人们认识到建立一个实验站进行检测比全国各地的地方水务局同时进行多次调查更为经济；其次，通过使用显微镜的新化验方法能够确保统一的科学标准。劳伦斯实验站的第一个任务就是比较并确定过滤与自然氧化的效果，该实验站的设施提供了麻省理工学院无法提供的机会。

在最初的两年里，塞奇威克和他的学生能够通过开发和使用新技术来识别和定量分析水和污水中的微生物。他们的研究为马萨诸塞州、其他州以及其他国家设定了标准[5]。1893 年，当一场伤寒疫情在梅里马克河暴发时，劳伦斯实验站设计了一个慢砂过滤器，并证明了过滤后的污水是可以饮用的。

在接下来的 30 年里，实验站对各种供水和污水处理的新技术进行了实验，确定了各种卫生工程设施的安全运行负荷，并确定了未经处理的供水和污水的不同特性对流程和负荷产生的具体影响。在这些实验站工作的员工也参与开发、测试和宣传新的卫生处理技术，因而成为切斯堡、科克伍德和塞奇威克的继任者。

正式的示范项目

实验站促使正式的示范项目逐渐开展起来，其中"实验"的目的是建立特定技术的全尺寸模型。访问其他地方仍然很重要，但在特定地点进行实地研究则变得更加重要。

> 本研究得出的结论是：项目成本太高且风险太大，以前报告的经验覆盖面太小，因而不适合在当时提议进行全面微生物处理。实地建造了原型并运行大约 6 个月以获得最终设计的详细数据，并且更确切地知道早期的发现是有效的。
>
> （ Nemerow, 1971 ）

全面测试是介于试点研究和投资数百万美元的公共工程建设之间的示范项目，其解决的关键问题是可行性、可靠性、设计参数和成本效益。这些问题通常在实验室无法解决，解决这些问题需要"实地"的示范项目。

示范效应的作用

通过对多种形式的示范效应的考察表明，随着时间的推移，城市在给排水基础设施投资决策方面所使用的信息变得更加广泛和具体。随着信息成本的下降，城市能够使用更多的信息来帮助他们确保"万无一失"。19 世纪中叶，游学使工程师能够考察其他城市所采用的技术，像芝加哥和圣路易斯这样的先驱城市发布了工程师在游学中所学到的知识，从而实现信息共享。到 19 世纪末，诸如《工程新闻》之类的出版物更是直接起到了信息传播的作用。大学也开设了有关卫生系统的课程，这些课程的教科书中涵盖了许多案例研究。随着在该地区工作的专业人员数量的增加，他们组成了卫生工程师和公共卫生工作者协会（Melosi, 2000）。19 世纪末和 20 世纪初也是进步主义政治改革和市政内务运动的时代，这一时期人们在短时间内创造并传播了大量信息。

这个时代也是技术快速变革和实验的时代。高水平的科学家经常在公共部门的设施中进行新的供水和污水处理技术的实验，并向世界公布结果。到第一次世界大战时，芝加哥卫生区和包括芝加哥肉类包装厂以及阿戈玉米制品公司在内的一些企业都在开展处理工业废物的示范项目。

19 世纪中叶，城市花钱聘请专家来开发最佳的实践技术。50 年后，他们可以在一本教科书中找到有关供水和污水处理系统的全面信息，并且可以找到更好的数据来帮助他们测试给定的技术是不是"最佳的"实践技术。随着信息成本的下降，城市越来越愿意为市民提供卫生基础设施，而且随着这些工作复杂性的提高和成本的增加，他们也愿意接受更多的信息，以确保"万无一失"。

供水和污水处理技术的发展

供水处理

20 世纪初，三种最常用的供水净化技术为沉淀（sedimentation）、凝结（coagulation）和过滤（filteration）（Baker，1901；Armstrong，1976；Melosi，2000）。沉淀是为了去除水中的悬浮物而进行的短期储存。水缓慢通过浅沉淀池，沉淀物在沉淀池中沉淀到底部，然后工作人员从底部将其清除，完成沉淀所需的时间取决于水质。凝结是利用化学物质（通常是明矾）来加速悬浮物沉淀的净水技术。过滤和凝结技术通常一起使用，而一些城市却将沉淀技术和凝结技术一起使用而不对水进行过滤，如 1900~1911 年的堪萨斯市。凝结法从不单独使用，而是与沉淀或过滤结合使用。过滤用于去除残留的悬浮物，但是如果水中有大量悬浮物使得过滤器必须经常清洗，则这个技术将不再有效。1892 年霍乱流行之后，汉堡和阿尔托纳之间的巨大差异使人们相信了过滤技术的效果，之后过滤技术得到了迅速普及。

20 世纪初，虽然有几种类型的过滤器可供人们使用，但是专家们对不同类型过滤器的效果存在相当大的分歧。慢砂过滤器使用的是铺在砾石床上的砂层，砾石层下面是一个管道收集系统，这种过滤器的过滤过程几乎消除了水中所有的病菌。机械过滤器（快砂过滤器）采用凝结剂与快速过滤相结合的方法，机械过滤器每英亩每天能够处理 1 亿 ~1.25 亿加仑的水，而慢砂过滤器只能处理 200 万 ~300 万加仑的水（Melosi，2000）。慢砂过滤器铺设在地面上，而机械过滤通常在木制或钢制的容器中进行。由于需要处理大量的水，机械过滤器很容易堵塞，因此每天至少需要清洗一次。

著名的劳伦斯实验站早在 1893 年就开始检验慢砂过滤器的效果 [6]。劳伦斯实验站从梅里马克河中取水，梅里马克河的河水相对清澈但污染严重。20世纪初，辛辛那提、路易维尔、费城、匹兹堡、新奥尔良和华盛顿都依次进行了与自身实际情况相当的实验来评估这两种过滤器的优点。这些城市都是从含有大量悬浮物和废水的河流中取水。而罗得岛州则对机械过滤器进行了实验，罗得岛州的水取自帕塔克塞特河的北支流，这条支流虽然悬浮物含量低，但受到了生活废物和工业废物的严重污染。根据这些实验的结果，再加上对欧洲经验的评估，能够得到一个共识，即慢砂过滤技术对于相对清澈的水更有效，而机械过滤对于含泥沙的水更有效。人们也普遍认为小城市更适合使用慢砂过滤器，而对于大城市而言，机械过滤器则更为合适。

除了凝结剂外，出于多种原因人们还向水中添加了多种化学物质。19 世纪末，人们接受了病菌理论，普遍认识到某些疾病是通过水传播的，这促使人们使用化学方法灭菌。人们通常使用氯化法来进行化学灭菌，而伤寒死亡率的下降也与次氯酸盐的使用有关（Melosi，2000）。慢砂过滤器和机械过滤器都需要利用水中的氧气，但污染严重的水中几乎没有游离氧。人们要么通过化学沉淀，要么通过离子交换作用来去除水中的铁、钙和镁元素，从而软化硬水。

表 3.2 使用了 1915 年《城市总体统计》(*General Statistics of Cities*) 中关于市政供水系统的信息，并报告了城市采用各种水处理技术的具体年份。从河流中取水的城市在表格中所占的比例过高，而从淡水湖中取水的城市则比例偏低。早期采用水处理技术的城市最有可能受到上游污染的影响。1900 年，全美国超过 6% 的供水进行了过滤；1914 年，超过 40% 的供水进行了过滤；最后，几乎每个城市都会过滤供水。需要注意的是，在表 3.2 中，集群从左上角向右下角呈对角线移动，这代表了供水和污水处理技术发展的年表，与新技术相关的集群数越多，表明越多的城市采用了更为先进的处理方法。

在表 3.2 所列的 1899~1912 年的城市中，有 22 个城市包含在前文所说的 48 个样本城市中。我们有这 22 个城市自来水厂和污水处理厂的年度资本支出和年度运营支出的相关信息。通过研究人均资本支出和人均运营支出随时间变化的规律，我们可以发现采用新技术对支出产生的影响。在大多数情况下，我们看到采用沉淀法和过滤法会显著增加资本支出，而采用凝结法和化学处理法则会导致运营支出激增。

表 3.2　采用各种供水处理技术的时间

年份	沉淀	凝结	慢砂过滤	机械过滤	化学处理
1863	华盛顿				
1879	路易维尔				
1883	康瑟尔布拉夫斯				
1889		奥马哈		奥什科什	
1890	奥什科什				
1892	亚特兰大				
1893			劳伦斯		
1894	诺克斯维尔	诺克斯维尔			

				续表
年份	沉淀	凝结*	慢砂过滤	机械过滤	化学处理
			阿尔图纳		
1896		锡达拉皮兹		锡达拉皮兹	
				夏洛特	
1899	奥尔巴尼		奥尔巴尼	诺福克	
1900	堪萨斯城	堪萨斯城			莫拜尔
1902	费城		费城	费城	
			普罗维登斯		
1903			华盛顿	纽约	
			雷丁		
			扬克斯		
1904	圣路易斯	圣路易斯			
		亚特兰大			
1905	扬斯敦	哈里斯堡		扬斯敦	哈里斯堡
	华盛顿	哥伦比亚		哈里斯堡	
	哈里斯堡	夏洛特		哥伦比亚	
	哥伦比亚				
1906			纽约		
1907				圣迭戈	
1908	匹兹堡	辛辛那提	匹兹堡	辛辛那提	哥伦布
	辛辛那提	新奥尔良	威尔明顿	新奥尔良	奥马哈
	新奥尔良			哥伦布	夏洛特
	纳什维尔				
1909	里士满	路易维尔		路易维尔	纳什维尔
		匹兹堡		奥尔巴尼	
		纳什维尔			
1910	斯普林菲尔德	斯普林菲尔德	斯普林菲尔德	亚特兰大	匹兹堡
		华盛顿		托莱多	密尔沃基
1911					辛辛那提
					堪萨斯城

					续表
年份	沉淀	凝结*	慢砂过滤	机械过滤	化学处理
					特伦顿
					奥尔巴尼
1912				沃斯堡	纽约
					芝加哥
					圣路易斯
					底特律
					威尔明顿
					锡达拉皮兹
1913	明尼阿波利斯			明尼阿波利斯	费城
					克里夫兰
					路易维尔
					哈特福德
1914	特伦顿	达拉斯		巴尔的摩	布法罗
		特伦顿		达拉斯	达拉斯
		奥尔巴尼		特伦顿	哥伦比亚
1915				圣路易斯	

* 凝结法从不单独使用，而是与一种或多种其他处理方法结合使用。
资料来源：美国商务部人口普查局，第45页。

表3.3列出了1899~1929年样本城市的供水与污水处理的资本支出。利用城市水务部门每年资本支出的数据，我们可以识别出样本城市进行了大额投资的年份。在分析流行病时，我们将高支出年份定义为城市报告中用于供水与污水处理的人均资本支出高于该时期平均水平一个标准差以上的年份。我们发现支出显著增加的时间与表3.2中采用新技术的时间相匹配。这让我们相信，支出数据揭示了城市采用新的供水与污水处理技术的时间。

我们可以在表3.3中看到集群模式，这些模式表明了示范效应的影响。新英格兰地区的城市在早期进行大量资本支出的城市中表现突出。这些城市

表3.3 在供水处理基础设施建设上产生了高支出的城市

年份	城市							
1899	剑桥	卡姆登	特伦顿					
1900	伍斯特							
1901	洛厄尔	西雅图						
1902	华盛顿							
1903	数据缺失							
1904	亚特兰大	辛辛那提	堪萨斯城	费城	里士满	华盛顿	扬克斯	扬斯敦
1905	剑桥	哥伦布	匹兹堡	斯波坎	威尔明顿			
1906	盐湖城	扬斯敦						
1907	布法罗	芝加哥	辛辛那提	哥伦布	路易维尔	费城	西雅图	特伦顿
1908	亚特兰大	斯波坎	斯普林菲尔德	托莱多				
1909	密尔沃基	匹兹堡	纽约	雪城			威尔明顿	
1910	新贝德福德	波特兰	雷丁	罗切斯特	特伦顿	扬斯敦		
1911	大急流城	泽西城	洛厄尔	明尼阿波利斯				
1912	数据缺失							
1913	数据缺失							
1914	数据缺失							
1915	巴尔的摩	克里夫兰	福尔里弗	哈特福德	罗切斯特	特伦顿	伍斯特	
1916	芝加哥	戴顿	洛厄尔	扬斯敦				
1917	哈特福德	罗切斯特	威尔明顿			扬斯敦		扬斯敦
1918	数据缺失							

续表

年份	城市								
1919	丹佛								
1920	数据缺失								
1921	数据缺失								
1922	数据缺失								
1923	亚特兰大	巴尔的摩	剑桥	克里夫兰	哥伦布	福尔里弗	大急流城	密尔沃基	里士满
	圣保罗	扬克斯							
1924	布法罗	卡姆登	丹佛	泽西城	明尼阿波利斯	纽瓦克	波特兰	普罗维登斯	西雅图
	托莱多	华盛顿	伍斯特						
1925	波士顿	戴顿	福尔里弗	盐湖城					
1926	亚特兰大	芝加哥	底特律	哈特福德	堪萨斯城	路易维尔	密尔沃基	纳什维尔	费城
	雷丁	圣路易斯	托莱多	雪城					
1927	路易维尔	纽瓦克	雪城	伍斯特					
1928	奥尔巴尼	福尔里弗	哈特福德	斯普林菲尔德	扬克斯				
1929	密尔沃基	纽瓦克	威尔明顿						

位于同一个地理区域，它们能很容易地获得劳伦斯实验站的信息，它们还共享水源和污水排放口。此外，位于同一条河上的新泽西州的两个城市也进行了大量早期投资。20 世纪的头 10 年，中西部城市（俄亥俄州的城市尤其具有代表性）和位于湖泊旁边的城市对供水和污水处理基础设施进行了大量投资。而在美国参与第一次世界大战期间，很少有城市进行大规模的水处理基础设施投资。20 世纪 20 年代，许多城市花费巨资更新和扩大原有的自来水厂和供水系统，随着城市规模的扩大和财力的增强，进一步增加水处理设施的容量。

污水处理

污水处理技术比供水处理技术发展得晚（Melosi，2000）。起初，污水要么排入水中，要么排入陆地。在一个工业垃圾相对较少的环境里，流动水体中所含的氧气将有助于净化污水，排放到陆地上的污水也是如此。20 世纪初，陆地处理系统的两个主要方法分别是污水种植（灌溉）和间歇过滤。污水种植是劳动密集型产业，因此在美国这样的高工资环境下成本较为高昂。

间歇过滤器是由沙子、煤渣和其他多孔材料制成的过滤床，该过滤器由通过开口连接的瓷砖管道进行排水。当污水通过过滤器时，它依靠好氧细菌对污水进行处理。过滤后的污水会流向另一个过滤床以便第一个过滤床排水。如果过滤床中的过滤物质地很细，则污水流量可能持续几个小时，而如果过滤物质地很粗糙，则可能持续几天。劳伦斯实验站进行了间歇过滤实验，推动了这项技术被应用于马萨诸塞州和其他地方。虽然间歇过滤只需要污水种植所需土地的 5%，但大多数城市仍然认为应用该技术所需的土地面积是一个问题。

为了进一步减少间歇过滤所用的土地面积，美国城市越来越多地采用初步处理工艺，以去除大部分悬浮物，无论这些悬浮物是有机物还是矿物质，筛选和沉淀都可以达成这个目标。在初步处理中，筛选被认为是相当值得做的处理。但由于污水需要在昂贵的水池或水箱中停留很长时间，并且悬浮物在分解时会散发出难闻的气味，因此筛选也为人们制造了难题。为了解决这个问题，添加化学物质来加速沉淀过程并杀死一些病菌的方法逐渐普遍。然而化学物质本身会留下大约一半的有机物需要进行二次分解，并与矿物质一起积聚在底部，这种被称为污泥的混合物也需要处理。

还有一种解决办法是改进以厌氧菌为工作介质的污水池。在污水池中，污水通过由砂或其他物质组成的初（预）沉砂池，悬浮的有机物被筛选出来以便厌氧细菌发挥作用，而（部分）澄清的污水继续通过。污泥在池中的积聚相对缓慢，因为大部分有机物要么转化为气体并从水中排出，要么溶解在水中。而产生的污泥可以很容易地通过 20 世纪头 10 年引入的伊姆霍夫池（Imhoff tank）等设备中进行曝气处理。

在没有污水池的情况下，接触式过滤床的工作速度比间歇式过滤器快得多。接触式过滤床在净化过程中会使用多个而不是一个工作床对污水进行处理。污水首先流到厌氧细菌的工作床上，然后移动到第二个（或第三个）好氧细菌的工作床上。这个周期每天重复两到三次，每个床在每个周期之间都有一段闲置时间。

美国的许多城市在 20 世纪的头 10 年达到了一定的人口规模，他们将污水净化视为必需的服务。1909 年以前，尽管哥伦布市和雷丁市安装了能够将污水喷洒到工作床上的喷淋（滴流）过滤器，纽约的奥本地区也在安装接触式过滤器，但是大多数城市使用的污水过滤器都是慢砂过滤器。近年来，技术变化日新月异，在之后 10 年内又有了新的技术（如活性污泥）可供使用[7]。像芝加哥这样的城市，在这些年里开始探索工业污水的处理方法，但直到第一次世界大战后才开始建造主要的工程。在他们建造新的污水处理厂时，工厂的设计和建设就体现了那些先驱城市在污水处理技术方面的发展经验。1900年，美国只有3%的城市人口生活在提供污水处理服务的区域，而20年后，这个数字增长到了17.5%。

表3.4的构造方法与表3.3相同。我们在该表中再次看到了新英格兰地区城市的早期领导地位。表3.1中报告的回归模型得到最显著的结果是，这一时期对污水处理设施的投资对降低城市水传播疾病的死亡率具有显著性的影响。许多城市通过修建和扩建下水道系统以及采用新的处理技术来响应这一研究结果。随着时间的推移，越来越多的城市增加了在排水基础设施上的投资，尽管在第一次世界大战期间很少有城市进行大型的基础设施项目建设。在整个20世纪20年代，用于排水基础设施的高支出是显而易见的，因为许多城市都投资于污水处理，特别是活性污泥技术，它体现了最主要的技术创新。

结　论

20世纪前30年，美国城市在卫生基础设施上投入了大量资金，这直接降低了因劣质水和污水处理不当而引发的疾病的死亡人数。伤寒、痢疾和腹泻的死亡率大大降低，城市死亡率从1902年的8.9%下降到1929年的1.4%（Cain and Rotella，2001）。在这一时期，大多数卫生支出都是针对供水和污水处理技术的应用，尤其值得注意的是关于排水基础设施的支出。

我们研究了流行病和示范效应在促使美国城市制定承担这些支出的决策方面所发挥的作用。对流行病的实证研究表明，许多经历了水传播疾病死亡率急剧上升的城市，卫生基础设施的建设支出会大幅提升。示范效应通过多种方式发挥作用。19世纪中叶，杰出工程师前往欧洲参观卫生设施工程，美国城市发布了工程师们的报告，传播有关水处理技术及其效果的新闻。后来，像《工程新闻》周刊这样的出版物发表了越来越多供卫生领域专业人士阅读的文章和社论。通过这些渠道，不同城市的多种技术经验得到了广泛的传播。像劳伦斯实验站这样的正式实验站点在开发新的水处理技术时会对新技术进行更仔细的研究，并提供哪些技术有效而哪些技术无效的评估。后来一些城市与私营部门建立了合伙企业，对处理废物的方法进行试验。在大规模建造设施之前，正式的示范项目在过去甚至到现在仍然被用于检验新的方法。

我们很难从支出数据中找到关于示范效应的明确证据，这是因为我们不知道各个城市投资了哪种类型的卫生基础设施。尽管如此，我们还是对美国城市在卫生基础设施上的主要支出做了一些调查，结果显示，这些模式与我们曾详述的许多具体信息的共享案例中得出的合理结论是一致的。新英格兰地区的城市早期采用的技术和后来美国中西部城市采用的技术，以及20世纪20年代的投资繁荣都表明，美国城市当时不仅相互学习，而且还会从出版的资料中学习。

我们得出的结论是：流行病和示范效应都会导致卫生服务的增加，但是二者是通过不同的渠道产生影响的。我们认为流行病对需求侧的影响最大。水传播疾病的高死亡率，导致公众要求政府改善卫生条件。示范效应对供给侧的影响最大。卫生基础设施建设的成本通常非常大，美国各城市都希望能确保"万无一失"。投资于不当的技术可能是一个昂贵的、政治灾难性的错误。通过降低关于供水和污水处理技术运转方式的信息成本，示范效应提高了城市采用这些新技术的意愿和能力，因此增加了卫生基础设施的供应。这两股力量共同造就了这样的情况：20世纪初，美国城市为大幅降低死亡率而向供水和污水处理领域投入了大量的资金。

表 3.4　在污水处理基础设施建设上产生了高支出的城市

年份	城市							
1899	波士顿	洛厄尔	普罗维登斯	雪城	托莱多	伍斯特		
1900	布法罗	匹兹堡						
1901	洛厄尔	斯普林菲尔德						
1902	数据缺失							
1903	数据缺失							
1904	波士顿	剑桥	哥伦布	洛厄尔	纳什维尔	特伦顿	扬斯敦	
1905	哥伦布	戴顿	华盛顿					
1906	雷丁							
1907	戴顿	丹佛	泽西城	雷丁	盐湖城	威尔明顿	扬斯敦	
1908	巴尔的摩	斯波坎	威尔明顿					
1909	路易维尔	西雅图	盐湖城	斯波坎				
1910	大急流城	路易维尔	波特兰	罗切斯特	西雅图			
1911	亚特兰大	哈特福德	波特兰	罗切斯特	西雅图	圣路易斯		
1912	堪萨斯城	纳什维尔	新贝德福德	纽瓦克	圣路易斯			
1913	数据缺失							
1914	数据缺失							
1915	奥尔巴尼	巴尔的摩	辛辛那提	哈特福德	新贝德福德	纽瓦克	圣路易斯	
1916	华盛顿	威尔明顿	扬斯敦	新贝德福德	罗切斯特	盐湖城		
1917	奥尔巴尼	哥伦布	哈特福德	罗切斯特	盐湖城	罗切斯特	圣路易斯	圣保罗

续表

年份	城市								
1918	扬斯敦								
1919	纽瓦克	斯波坎							
1920	数据缺失								
1921	纳什维尔	罗切斯特	扬斯敦						
1922	底特律	福尔里弗	泽西城	斯波坎					
1923	亚特兰大	剑桥	丹佛	路易维尔	密尔沃基	明尼阿波利斯	新贝德福德	纽瓦克	波特兰
1923	里士满	伍斯特	扬斯敦						
1924	卡姆登	洛厄尔	雪城	托莱多	扬斯敦				
1925	巴尔的摩	布法罗	芝加哥	纽约	费城	普罗维登斯	斯普林菲尔德	圣保罗	扬克斯
1926	克里夫兰	戴顿	大急流城	哈特福德	泽西城	堪萨斯城	路易斯维尔	圣路易斯	
1927	剑桥	芝加哥	辛辛那提	底特律	纳什维尔	波特兰	雪城	托莱多	特伦顿
1928	亚特兰大	布法罗	卡姆登	芝加哥	哥伦布	戴顿	路易斯维尔	洛厄尔	匹兹堡
1928	斯普林菲尔德	威尔明顿	伍斯特						
1929	辛辛那提	雷丁	西雅图	圣保罗					华盛顿

注　释

* 我们非常感谢 Jaehee Choi、Supriya Mathew、Dong Eun Rhee 和 Stacey Tevlin 的助研工作，以及印第安纳大学、芝加哥洛约拉大学和芝加哥大学人口经济研究中心的资助。我们非常感激 George Alter 的大力支持。我们从 2003 年社会科学史学术会议的参与者那里获益匪浅。我们感谢那些在芝加哥大学参加老龄化、医疗保健人口学、生物学与经济学研讨会的与会人员。我们感谢参加西北大学、皇后大学、不列颠哥伦比亚大学、南加州大学和多伦多大学讲习班的学员。最后，我们感谢 Thomas Weiss、Joshua L. Rosenbloom 以及堪萨斯大学庆祝汤姆退休会议的其他参与者。

1. 流行病以及新知识和新技术的示范效应不能完全分为需求侧和供给侧的影响。提供卫生服务的政治家应该像其他公众一样了解流行病的后果，而城市居民可能和他们的政治家一样了解其他城市的发展。

2. 这类疾病将被称为"水传播"疾病，即使水传播不是唯一的传播手段。这类疾病能通过不洁的食物或水以及通过接触粪便、苍蝇和其他污物传播。尽管各种疾病的定义和诊断都发生了变化，从而导致历史上许多死因相关的证据都是有问题的，但这三种疾病在这一时期得到了很好的鉴别。

3. 关于财政和死亡率的数据载于《劳工统计局统计公告》1899~1902 年的 24、30、36 和 42 号公告以及 1902~1903 年《人口普查公告》的 20 号公告。美国人口普查局在 1905~1936 年每年发布《城市死亡率统计》，在 1905~1931 年多数年份发布了《城市财政统计》，1913 年、1914 年和 1920 年没有公布《城市财政统计》。

4. 这里给出的结果与 Cain 和 Rotella（2001）中的结果类似，并且两者都使用了相同的技术，即以总死亡率为因变量估计了相似的回归模型，结果显示卫生支出变化对总死亡率并不具有经济意义和统计意义上显著的影响。

5.1890 年以前，特定的病原微生物的相关性并不明显，因此卫生委员强调消除污染是预防疾病行之有效的方法。特别是，尽管伤寒杆菌是在 1880 年被鉴定出来的，但在马萨诸塞州的医生中，关于该微生物体是导致疾病的元凶还是仅伴随着疾病而产生存在着分歧。塞奇威克的团队能够断定伤寒是如何传播的（Rosenkrantz，1972）。

6. 该实验室最初由海拉姆·米尔斯领导以帮助培训艾伦·哈森和乔治·富勒等工程师。

7. 这涉及将未经处理的污水与高浓度的好氧微生物混合，然后向混合物中注入空气来刺激并减少细菌，最后去除活性污泥和残余物，将活性污泥回收利用，并与新的污水混合进行处理。这项技术的实验分别于 1912 年在劳伦斯实验站和 1914 年在芝加哥卫生区进行。使用这项技术的第一家工厂于 1916 年在得克萨斯州的圣马科斯市建成。

参考文献

Armstrong, E.L. (1976), *History of Public Works in the United States*, Chicago: American Public Works Association.

Baker, M.N. (1901), *Municipal Engineering and Sanitation*, New York: The Macmillan Company.

—— (1948), *The Quest for Pure Water: The History of Water Purification from the Earliest Records to the Twentieth Century*, New York: The American Water Works Association.

Board of Sewerage Commissioners (1858), *Report on the Results of Examinations Made in Relation to*

Sewerage in Several European Cities, in the Winter of 1856–1857, Chicago.

Cain, L.P. (1972), "Raising and Watering a City: Ellis Sylvester Chesbrough and Chicago's First Sanitation System", *Technology and Culture* 13: 353–372.

—— and Rotella, E.J. (2001), "Death and Spending: Urban Mortality and Municipal Expenditure on Sanitation", *Annales de Démographie Historiques* 1: 139–154.

Chadwick, E. (1842, 1965), *Report of the Sanitary Condition of the Labouring Population of Great Britain*, Reprinted in Flinn, M.W. (ed.), Edinburgh: University Press.

"Filtration for the Croton Water Supply, New York City", *Engineering News*, November 21, 1907.

Ferrie, J.P. and Troesken, W. (2008), "Death and The City: Chicago's Mortality Transition,1850–1925", *Explorations in Economic History* 45, 1: 1–16.

Filtration Commission of the City of Pittsburgh, Pennsylvania (1899), *Report*, Pittsburgh.

Greeley, S.A. (1953), "Testing Stations for Sanitary Engineering – An Outstanding Achievement", *Transactions of the American Society of Civil Engineers, Centennial Transactions* 2610: 574–578.

Hazen, A. (1895), *The Filtration of Public Water-supplies*, New York: J. Wiley.

Kirkwood, J.P. (1869), *Report on the Filtration of River Water for the Supply of Cities as Practiced in Europe*, New York: Van Nostrand.

Melosi, M. (2000), *The Sanitary City: Urban Infrastructure in America from Colonial Times to the Present*, Baltimore: The Johns Hopkins University Press.

Nemerow, N.L. (1971), *Liquid Waste of Industry: Theories, Practices and Treatment*, Reading: Addison Wesley.

Rafter, G.W. and Baker, M.S. (1894), *Sewage Disposal in the United States*, New York: Van Nostrand.

Rosenkrantz, B.G. (1972), *Public Health and the State: Changing Views in Massachusetts,1842–1936*, Cambridge: Harvard University Press.

Shattuck, L. (reprinted 1948), *Report of the Sanitary Commission of Massachusetts, 1850*, Cambridge: Harvard University Press.

U.S. Bureau of Labor Statistics (1899–1902), *Bureau of Labor Statistics Bulletin*, #24, 30, 36, 42, Washington: Government Printing Office.

U.S. Department of Commerce, Bureau of the Census (1902–1903), *Census Bulletin*, #20, Washington: Government Printing Office.

—— (1905–1929), *Financial Statistics of Cities*, Washington: Government Printing Office.

—— (1905–1929), *Mortality Statistics of Cities*, Washington: Government Printing Office.

—— (1916), *General Statistics of Cities, 1915*, Washington: Government Printing Office.

盈利能力、公司规模和 19 世纪美国制造业的商业组织

4

杰里米·阿塔克

弗雷德·贝特曼

Jeremy Atack

Fred Bateman[*]

本章是对 19 世纪美国制造业盈利能力进行广泛研究的一部分，本章大部分内容与托马斯·韦斯和他的合作者弗雷德·贝特曼有关（Bateman and Weiss，1975，1981；Bateman et al.，1975）。我们以《可悲的稀缺性》（*A Deplorable Scarcity*）（Bateman and Weiss，1981）中观察到的现象作为研究的出发点，这种现象表现为制造业生产活动的平均回报率很高（至少能够通过比较同一时间制造业与其他行业的收益率以及其他类型资产的收益率得出上述结论），但是相比之下较大的企业（尤其是规模最大的几家企业）的收益率比规模较小的企业低。

本章关注的焦点正是企业规模和利润之间的关系，而这一直是历史学家、经济学家和那些关注产业组织和市场结构的人所关注的一个持久课题。19 世纪，民粹主义辩护者认为公司的规模与所赚取的利润呈正相关关系。例如，1873 年 8 月在得梅因召开的农场主反垄断公约会议上通过了一项决议，"所有公司都应受法律的控制，而这种控制应始终用于防止高盈利的公司成为压迫人民的工具"（Dixon，1896）。此外，农场主联盟还支持以合作社取代公司控制。因此，在 19 世纪的大环境下，我们可以假定公司规模与利润之间的关系能够转化为不同的组织形式与收益率之间的必然联系。具体来说就是，具有较大潜力的公司被认为可以赚取比传统独资企业和合伙企业更高的利润率。1902~1903 年美国成立了一个新的政府机构——美国公司局（U.S. Bureau of Coporations），这一机构的成立就是为了应对上文提出的问题（Clark，1929）。因此，公司往往通过垄断关系实现公司规模与利润之间的紧密联系。

公司规模、组织形式和利润率的问题在大萧条时期被重新提及，如安道夫·贝利（Adolph Berle）和格迪纳·米恩斯（Gardiner Means）提出了"所有权和控制权分离"的观点，他们的研究对于探究上述问题具有里程碑的意义（Berle et al.，1932）。他们在文章中提到，通过公开出售股票和部分继承等方式分散所有权，公司管理层能够篡夺公司的控制权，即使这些管理者的利益并不一定与股东的利益一致。尤其需要注意的是，尽管企业股东更希望公司通过分红将利润返还给他们，但管理者们可能有其他诉求。

企业规模与盈利能力：20 世纪的经验

第一次世界大战后，美国企业层面的收入数据首次完整出现，学者们开始对公司规模和盈利能力之间的关系进行大量的实证研究，但研究结论不同。早期的许多研究发现，公司规模和盈利能力的关系与 19 世纪中后期发现的情况类似（Dewing，1921；Summers，1932；Epstein and Clark，1934）。例如，苏梅尔斯写道，"无论大小企业的划分标准如何，当把行业因素考虑在内时，除了 4 家公司之外，小公司的收益率均高于大公司"（Summers，1932）。拉尔夫·爱泼斯坦也发现，"总的来说，大型制造业企业的利润率并不高于小企业"（Epstein and Clark，1934）。在对其他国家制造业的研究中也发现了类似的结论。例如，Samuels 和 Smyth（1968）基于英国 1954~1963 年 186 家企业的面板数据发现，"利润率与公司规模成反比"。

学术界对这些发现有各种各样的解释。一个主要的解释是现代大企业所有权与控制权分离造成代理问题，这将导致管理者经营的企业比贝利和米恩斯提出的所有者经营的企业的财务表现更差。而另一个现代的解释是，企业经理人在留存收益、股息和工资以不同税率征税的情况下会采取避税行为。正如 McConnell（1945）所指出的那样，"小公司存在的意义是向公司管理者和工人提供收入，并向所有股东分红"。因此，所有者和员工获得薪酬的形式对企业的净收入有重大影响。19 世纪的美国不存在所得税（内战十年期间除外），避税似乎不太可能鼓励企业家偏向于某一种形式的补偿[1]。然而，关于这一主题的变化被人们用于批评贝特曼和韦斯对普查数据进行的处理。例如，肯尼斯·肖克洛夫认为企业家的劳动未被当作要素投入纳入统计数据中，因此，含蓄地说，人们没有为这一要素成本留任何余地（Sokoloff，1984）。然而，贝特曼和韦斯（1981）在《可悲的稀缺性》中使用同样的推测来证明大公司利润率的合理性，正是因为这些公司的利润率对所有者获得报酬的形式并不敏感。

另外，还有许多关于公司规模与利润率之间关系的最新研究表明，它们之间要么没有关系，要么存在正向关系（Crum，1934，1939；Alexander，1949；Stekler，1963，1964；Hall and Weiss，1967；Marcus，1969）。例如，马库斯发现在 118 个四位数代码行业中有 35 个行业的样本企业的规模和利润率之间存在显著的正相关关系，只有 9 个行业中显示出了显著的负相关关系。然而，这些相同的结果也意味着，在所研究的 118 个行业中有 74 个行业（约62%）的企业规模和利润率之间没有统计学意义上的显著关系。

尽管现有研究在企业规模和利润率的关系上没有达成共识，但几乎所有的研究都发现小企业的利润率变化比大企业大得多（Alexander，1949；Hymer and Pashigian，1962；Mansfield，1962；Samuels and Smyth，1968）。我们基于 19 世纪的数据也得到了同样的结论。

19 世纪制造业企业盈利能力的估计

本研究所使用的数据在其他研究中有过详细描述（Bateman and Weiss，1981；Atack and Bateman，1999），这些样本来自现存的 1850 年、1860 年、1870 年和 1880 年的制造业普查手稿，其中收集了数千家具有全国代表性的制造业企业的年度样本。1850 年、1860 年和 1870 年的大部分数据由贝特曼和韦斯收集，而 1880 年的数据由阿塔克和贝特曼收集[2]。

这些数据包含了企业从普查年度前一年 6 月 1 日到普查年度当年 5 月间全年范围内的活动。有两点注意事项：首先，并非所有的普查记录都被保存了下来，例如，1860 年和 1870 年俄亥俄州许多县的数据记录都遗失了（Atack，1985）；其次，1880 年，普查指定了一些特殊代理人，他们是行业专家，负责收集少数重要行业的数据——棉花、毛料、精纺织物、钢铁、丝绸、酿酒、玻璃和焦炭，并为公布该行业的普查数据编写相关的报告。但是不幸的是，这些特殊代理人调查收集的数据无法查证（Delle Donne，1973）。因此，1880 年样本中的行业组合并不能代表 1880 年所有制造业企业的总体，而且由于大型企业的样本主要集中在经由特殊代理人调查的行业，因此本研究样本中的大型企业太少。即使我们的结果出现了偏误，也只会强化我们的论点。

我们估算利润率的步骤与贝特曼和韦斯（1975，1981）的步骤相同，但将时间范围扩大，并将样本加权为具有代表性的国家层面的指标，而不只是对个别州有代表性。通过这些步骤估计的利润率会更接近会计利润率而不是经济利润率[3]。这些利润以每 1 美元资本的利润率表示，其中"资本"是普查中报告的投资资本和运营资本估算值之和[4]。

具体来说，利润率的估计方法为：

$$\pi = \frac{Q - R - w - d - m}{K_F + K_W}$$

其中：

Q = 根据离岸价格计算的产品价值；

R = 根据到岸价格计算的原材料价值；

w = 年度工资总额；

d = 折旧（基于 1890 年在该州该行业内，工厂和设备之间的资本分配，工厂折旧超过 50 年，机器折旧超过 15 年）；

m = 杂项费用（基于 1890 年该州该行业内的杂项费用与产出的比率）；

K_F = 普查数据报告的资本投入数额；

K_W = 营运资本（基于 1890 年"活资产"与该州该行业内产出的比率）。

为了计算利润率，企业必须报告非零的投入和产出、正的增加值、支付的工资并报告资本的用途。

利润按公司规模的分布

在删掉异常值后，每年的利润率分布如图 4.1 所示[5]。该分布偏向左侧，但就正态分布而言，该分布右尾较长，且每年利润率的众数和中位数均低于均值。许多分布在左端的公司在统计年度中遭遇了持续亏损。我们推断，那些位于最左边的公司应该已经破产了。事实上，许多企业在达到这一极限之前就已经破产了。毫无疑问，如果不是数据的限制，其中的一些损失可能比实际损失更明显。具体地说，1850 年和 1860 年的普查报告了"一年中从事商业或制造业的所有工作人员的月平均劳动报酬总额……将'月平均工资'除以'人员的平均数'，结果将得出个人的平均（月）收入"，但其中没有报告每人每年的工作月数（United States，Census Office，Department of the Interior，1860）。因此，我们将报告的月工资数乘以 12 来估计这些普查年度的年劳动力成本。几乎可以肯定地说，这夸大了普通规模公司的工资总额，尤其是小公司的工资总额。至少在以后的几年里，这些小公司全年运营的可能性要比大公司小得多[6]。另外，1870 年和 1880 年的普查数据报告了该公司的年劳动力成本。考虑到我们计算利润率的方式，这种报告方式的差异可能解释了 1850~1860 年到 1870~1880 年企业相

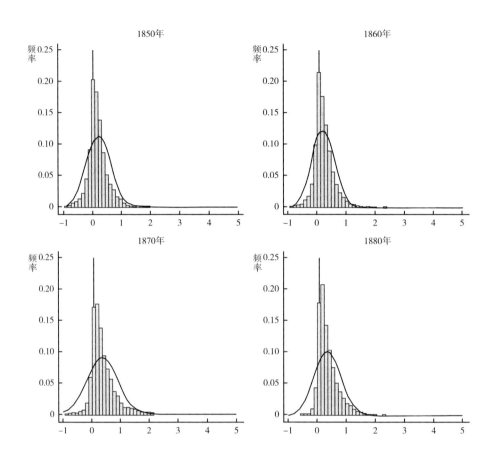

图 4.1 制造业企业未加权利润率分布

对亏损频率下降的原因。

虽然普查年度的抽样比例存在差异且数据存在缺失，但由于数据样本量足够大，因此我们对本章的估计结果有信心。本章以5000多个观测值为基础估算了1850年和1860年的利润率分布，1880年的利润率分布则基于7000多个观测值，而1870年的观测值最少也有3985个。每年可以用1个数值（算术平均值）汇总这些数据，并在图中用每个普查年度的利润分配的垂直线表示。

表 4.1 报告了各个普查地区以及整个国家的情况，并展示加权和未加权下不同的计算结果，其中每个企业的资本利润由企业在总投资中的相对份额加权。

表 4.1 对加权收益率和未加权收益率进行了比较，结果表明加权平均收益率整体低于未加权平均收益率。这意味着，权重大（资本越多）的公司获得的利润（总体的收益）通常比权重小（资本少）的公司低。如果我们按就业或产出价值（而不是资本投资）对收益进行加权，同样的结果也将成立。因此，平均而言，大型企业比小型企业获得的利润率更低，在控制了行业和地理的差异后结果仍然稳健[7]。

表 4.1　1850~1880 年各地区企业平均利润率

区域	1850 年	1860 年	1870 年	1880 年
未加权				
美国	0.210	0.206	0.376	0.349
东北部	0.177	0.192	0.318	0.301
中西部	0.251	0.203	0.417	0.375
南部	0.200	0.249	0.470	0.423
西部	1.672	0.233	0.399	0.348
按投资的资本数量加权				
美国	0.129	0.153	0.113	0.112
东北部	0.104	0.158	0.109	0.096
中西部	0.187	0.131	0.127	0.137
南部	0.158	0.148	0.063	0.138
西部	1.092	0.217	0.113	0.083

我们将 5000 美元的投资资本作为分界线，并对大型企业和小型企业二者之间平均收益率的差异进行 t 检验，原因将在下文进行具体阐述（但结果对断点并不特别敏感）。总体而言，两者的平均值差异相对较大并在统计学

上显著，特别是在 1870 年和 1880 年（见表 4.2）。例如，1880 年，资本低于 5000 美元的小型企业的平均回报率为 0.421（42.1%），标准差为 0.481，而大型企业的平均回报率仅为 0.145（14.5%），标准差为 0.255。假设这两个样本是从具有相同方差的样本分布中选取的，那么这两个估值的差异的 t 值为 23.989，这一结果不可能是偶然产生的。1850 年和 1860 年，盈利能力和企业规模之间的关系没有那么紧密，我们认为这是我们的假设所导致的结果，即假设所有行业中所有规模的企业每年运营 12 个月，从而每年向工人支付的工资是普查报告中月工资的 12 倍。现有的证据表明，19 世纪，比起季节性和兼职的工作，人们更倾向于全年工作[8]。即便如此，在 1870 年和 1880 年，典型的企业平均每年只有 10 个月的工作时间，但与小型企业相比，大型企业每年工作 12 个月的可能性要大得多。因此，我们的假设使得对企业预计利润率的估计存在向下的偏误，特别是小型企业。

利润率和企业规模之间的潜在关系可以通过图 4.2 所示的散点图得到说明。特别是在 1870 年和 1880 年，不需要太多的想象力我们就可以在这些利润率和投资资本的散点图中插入一条"直观"的斜率为负的拟合线。

表 4.2　利润率均值的 t 检验

年份	平均收益率（括号中为标准差）		均值相等的 t 检验（括号中为概率）
	小型企业（资本小于 5000 美元）	大型企业（资本大于等于 5000 美元）	
1850	0.222(0.447)	0.150(0.297)	4.468(0.000)
1860	0.216(0.426)	0.174(0.330)	3.192(0.001)
1870	0.460(0.576)	0.176(0.289)	16.066(0.000)
1880	0.421(0.481)	0.145(0.255)	23.989(0.000)

从这些散点的异方差分布也可以明显看出，小型企业利润的方差大于大型企业利润的方差，每个普查年度资本额超过 5000 美元的大型企业的利润的

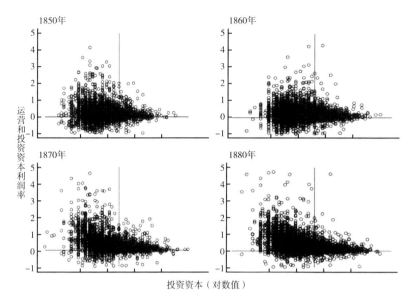

图 4.2　投资资本利润率分布

方差与资本额低于 5000 美元的小型企业相比都在急剧下降 [9]。水平线表示零利润水平，散点低于这条线的公司（1850 年和 1860 年数量较多，1870 年和 1880 年相对较少）会持续亏损，因为销售收入低于其在工资、原材料和杂项费用上的支出。

普查报告和图 4.2 的横轴上显示的投资资本是"动产和不动产资本总额"（United States，Census Office，Department of the Interior，1860）。不幸的是，普查报告中没有详细说明该指标的衡量方式，这在当时（United States，Census Office，1883；United States，Census Office，1990）和此后引发了相当大的争议。罗伯特·高尔曼的分析表明，普查报告的数据最有可能是市场价值或净重置成本（Engerman and Gallman，1986）。关于这种投资的数据可以从多个途径获得，包括自身、家庭和朋友、企业内部、与企业开展业务合作的其他人、银行和投资者。

公司组织形式、盈利能力和公司规模

尽管每个投资者向公司提供的资金基本同质，公司也有在未来某个日期偿还这些投资资本的法定权利和义务，但这些投资中的每一项都会因为公司的组织形式以及债务和债权人之间的关系有明显的差异。

一般而言，银行受到贷款合同性质和惯例的保护，不会因借款人的行为而承担法律责任 [10]，简单地向客户提供贸易信贷的企业也是如此 [11]。然而，在没有国家提供有限责任保护的情况下，若投资者的财务风险和违约风险超出了最初的投资范围，则是令人担忧的。法院可能会发现这些投资者本质上是商业伙伴，作为"合伙人"，这些投资者将对企业的所有债务承担连带责任。

国家可以提供有限责任保护，但通常情况下只会在个案的基础上通过特别的公司章程提供保护。正如首席大法官约翰·马歇尔（John Marshall，1819）所形容的，公司是"看不见、摸不着、无形的，只在法律意义上存在的人造物"。这些对法律责任的限制可以理解为法律所创造的"人为的存在"，即依法创建的企业间法律差别的延伸，法律赋予了其属于个人的权利，如法律地位、拥有和转让财产的权利等（实际上包括宪法保护的权利）。在其他条件相同的情况下，这种对投资者的保护使企业更容易以较低的成本筹集更多的资本。

早期关于公司设立的法律大多是特殊的，而且是针对特殊的利益和州立法机关的申诉而通过的。这不可避免地限制了那些享有特权的人以及能够承担相关费用的人的使用权（Hurst，1970；Hamill，1999）。最终各州通过了一般公司法，1811 年，纽约成为首个提供普通公司注册权的州（Howard，1938；Kessler，1940），但其他州在这方面进展缓慢：直到 1836 年，宾夕法尼亚州才开始通过此项法律，1837 年，康涅狄格州紧随其后通过了这项法律；

到 1846 年，这一立法浪潮才又一次平静下来。如表 4.3 所示，到 1850 年进行普查时，已经有 11 个州通过了一般的公司法；1860 年，有 24 个州通过了一般公司法；1870 年普查时，有 39 个州通过了一般公司法；到 1880 年，除罗得岛州外，大多数州都通过了这样的法律（Hamill，1999）。

尽管目前已有许多关于 19 世纪商业企业增长的研究，但这些研究的范围都是有限的（Blandi，1934；Evans，1948；Cadman，1949；Dodd，1954；Kuehnl，1959；Trusk，1960；Eilert，1963；Fundaburk，1963；Wilson，1965）。此外，尽管随着时间的推移，企业组织形式的适用性越来越高，但大型企业只占企业总体的一小部分，在 19 世纪末首次官方调查（第十二次普查的一部分）的 50 多万家企业中仅占 8%。尽管数量不多，但这些企业的重要性不言而喻，到 19 世纪末大企业产量占制造业总产量的一半以上。

表 4.3　1850~1880 年一般公司法的发展概况

时间	有成文法的州
到 1850 年底	加利福尼亚州、康涅狄格州、艾奥瓦州、路易斯安那州、密歇根州、新泽西州、纽约州、俄亥俄州、宾夕法尼亚州、田纳西州、威斯康星州
到 1860 年底	除到 1850 年底列出的之外，还有：亚拉巴马州、佛罗里达州、伊利诺伊州、印第安纳州、堪萨斯州、肯塔基州、马里兰州、马萨诸塞州、明尼苏达州、密西西比州、北卡罗来纳州、佛蒙特州、弗吉尼亚州
到 1870 年底	除到 1860 年底列出的之外，还有：亚利桑那州、阿肯色州、科罗拉多州、缅因州、密苏里州、内布拉斯加州、新罕布什尔州、新墨西哥州、内华达州、俄勒冈州、南卡罗来纳州、华盛顿州、犹他州、西弗吉尼亚州、怀俄明州
到 1880 年底	除到 1870 年底列出的之外，还有：特拉华州、乔治亚州、爱达荷州、蒙大拿州、北达科他州、南达科他州、得克萨斯州

资料来源：Hamill，1999。

所有州都对设立企业实施了各种各样的限制。其中包括成立公司所需的最少人数（3~5 人是最常见的限制人数）、可开展的业务类型（以及在没有新章程的情况下改变或增加业务线的能力）、公司章程的期限、股东对公司债务的责任和最低投资资本（通常规定发起人缴清全部法定资本的最长时间期限）[12]。例如，马萨诸塞州规定：

> 除蒸馏或制造令人陶醉的酒类的企业……3 人或 3 人以上，出资总额不少于 5000 美元但不超过 50 万美元……以成立一个公司。

（马萨诸塞州，1870）

5000 美元似乎是被普遍接受的最低资本要求。例如，在马萨诸塞州、新罕布什尔州和佛蒙特州，5000 美元就是设立公司的标准，这就是表 4.2 和图 4.2 中以 5000 美元为界的原因。但这个最低资本要求不是所有州的标准，例如，康涅狄格州和威斯康星州的最低注册资本为 4000 美元，而新泽西州的最低注册资本为 10000 美元（Cadman，1949；Dodd，1954；Kuehnl，1959），而纽约州的法律则没有规定最低资本标准[13]。

对 20 世纪初美国 51 个州和地区的公司法现状的详细总结表明，当时仍有 14 个州有最低资本要求，这可能是由公司特许经营中的"竞逐底线"造成的（Grandy，1989）。在纽约州和佛蒙特州，最低限额仅为 500 美元，缅因州、马萨诸塞州、密歇根州、明尼苏达州和新罕布什尔州的最低限额为 1000 美元，亚拉巴马州、康涅狄格州、特拉华州、密苏里州、内华达州和新泽西州的最低限额为 2000 美元，而路易斯安那州的最低限额为 5000 美元（Frost，1905）。

然而，公司只是企业可以采用的各种不同组织形式中的一种，也是法律制度认可和监管的一种形式[14]。我们努力在制造业普查样本中根据企业的"风格"确定企业的组织形式，这种"风格"指的是企业命名的方式。这些名称可在原始的普查表上找到，但仅保留 20 世纪 80 年代早期抽样的公司样本。在此之前，数据已经从原始普查表（或计划表的缩微胶片）转录到工作表上进行编码，并最终将数据输入 80 列霍勒内斯（Hol-Lerith）打孔卡上。虽然名称没有被打孔，但我们仍然使用原始工作表并利用它们来编码业务样式。不幸的是，由阿塔克和贝特曼收集的 1880 年的数据以及用于生成具有全国代表性的样本的早期数据集的后续扩展被直接输入了个人计算机数据库，而无须中间转录步骤，且大多数情况下这些观测的公司名称并没有被转录，也不容易恢复。

如果企业名称仅为个人名称（如 Smith 或 Jones），则该企业被归类为独资企业；如果在企业名称中有两个或两个以上的人被列出（如 Smith and Sons），则企业被归类为合伙企业；如果企业有一个通用的且非个人的名字，如 Boott Mills、Merrimack Co. 或 Prattville Manufacturing Company，则企业被归类为公司制企业。这种分类相对粗糙，十之八九会出错。例如，在有最低资本要求的州，我们将低于这些门槛的少数企业归类为公司制企业（见图 4.3），这显然比随机分配的组织形式要好得多。

尽管我们的分类很粗糙，但公司的组织形式（根据上述方法分类）和投资资本之间似乎存在系统关系（见图 4.4）。大多数被列为独资企业的企业规模都很小：1850 年，这些企业的平均投资额为 2752 美元，1860 年为 3478 美元，1870 年为 3840 美元。被归类为合伙企业的企业规模则更大，其平均资本是独资企业的 3~5 倍，在 1850 年的 7851 美元到 1870 年的 19435 美元的范围内浮动，企业的平均资本随着合伙企业列出的名字数量的增加而增加。被我们称为"公司制企业"的企业平均规模最大，1860 年平均投资资本近 7 万美元，而 1870 年平均投资资本超过 17.8 万美元[15]。我们估计，1850 年公司制企业在企业总体中所占的比例不到 2%，1860 年和 1870 年大约为 3%。然而，1850 年和 1860 年，它们的产出约占总产出的 15%，其中超过 1/4 的资本投资于制造业；到 1870 年，它们的产出几乎占全国制造业产出的 1/4，而投资

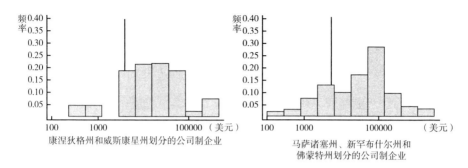

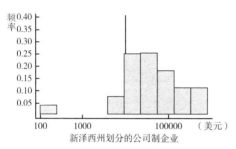

图 4.3　资本规模有门槛的州的公司分布

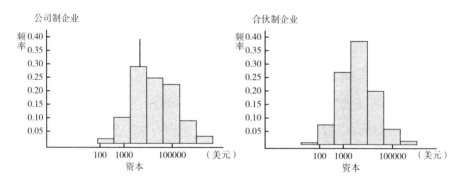

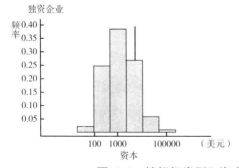

图 4.4　按组织类型和资本规模划分的公司分布

资本几乎占制造业资本的 36%。

考虑到按组织形式划分的企业规模分布以及已经讨论过的关于企业规模和利润率的内容，每个统计年度的利润率因组织形式而具有系统的变化也不足为奇（见表 4.4）。尽管这些差异在 1860 年很小，但基本上独资企业的平均利润率最高而公司制企业的平均利润率最低。

表 4.4　按组织形式和年份分类的回报率

年份	独资企业	合资企业	公司制企业
未加权			
1850 年	0.210	0.205	0.145
1860 年	0.209	0.200	0.196
1870 年	0.410	0.281	0.214
按照投资资本加权			
1850 年	0.140	0.145	0.089
1860 年	0.162	0.150	0.142
1870 年	0.172	0.122	0.064

公司制企业利润：代理问题还是较低的资本成本？

我们发现公司制企业的平均利润率较低，这一现象符合代理理论，即公司制企业的管理层对他们的职位和工资感兴趣，而所有者则关心企业的利润和市场价值（Kamerschen，1968；Monsen et al.，1968；Palmer，1973）。然而，也存在与这一结果相符的替代解释。特别是，大企业或者公司制企业享有获得资本的优先权并具有较低的资本损失风险，因此它们的资本成本较低，那么在这些条件下追求利润最大化的公司也将获得较低的利润率。之所以存在这种优先获得资本的机会，是因为这种投资对潜在投资者的风险较低，从议价的角度来看，这些企业更容易获得贸易信贷。另外，这些企业的所有者更有可能是那些与银行或其他有剩余现金可供投资的人有更好关系的商业精英。因此，这些企业将用资本替代其他生产要素，追求利润最大化的企业将增加资本要素的使用直到边际收益等于公司的资本成本。

19 世纪末之前，制造业企业的非个人股权市场（尽管存在公司制）在美国还处于萌芽状态。例如，1890 年纽约证券交易所（New York Stock Exchange）有 228 只股票上市交易，但其中只有少数可以确定为制造业公司（Navins and Sears，1955；Snowden，1987；Baskin，1988），包括美国棉油公司、美国烟草公司（优先股）、爱迪生通用电气公司、乔利特钢铁公司、国家领导信托公司、国家亚麻油公司、普尔曼公司和南方棉油公司。相反，大部分被交易的股票都是铁路公司的股票。相比之下，早在 1835 年，波士顿证券交易所就有 17 只制造业企业的股票上市交易。到 19 世纪 50 年代，有 37 家公司上市，其中大部分是棉纺织厂。到 1869 年，这个数字增加到了 48 家公司（Atack and Rousseau，1999）。但即使到了 1880 年，也只有 50 家公司上市（Rousseau，1999）。

此外，与贝利和米恩斯观察到的 20 世纪 20 年代股票所有权广泛分散的现象相反，19 世纪股票所有权仍然高度集中。波士顿当时的一位主要经纪人将市场描述为具有"排他性"的市场，"因为股票几乎完全掌握在某些资本家手中，他们不想在上涨时卖出，同时在下跌时也能有能力继续持有股票"（Martin，1871）。与持有大多数股票的股东的关系密切程度严重限制了管理层在追求与股东不相同的目标时的自由裁量权。家族和商业伙伴持有了近乎所有的股票，而不是大型机构投资者和普通民众。此外，"每家公司的股票数量很少（票面价值通常为 1000 美元），这就防止了市场上出现所谓的'流动股票'，并使证券完全远离任何投机活动"（Martin，1871）。

事实上，公司章程所赋予的特权及其所规定的限制创造了一个分割的资本市场，在这个市场中，大企业以及公司制企业可能以比自筹或家庭出资的小企业低得多的成本进行借贷。不幸的是，在统计样本的手稿中没有直接的证据，总体上只有零星的（通常是间接的）证据（McGouldrick，1968；Dalzell，1987；Lamoreaux，1994；Homer and Sylla，2005）。如果大企业特别是公司制企业的资本成本比其他企业低，我们预期它们会更多地利用相对便宜的生产要素，从而使资本更加密集。现有的统计证据有力地支持了这一观点。例如，Cain 和 Paterson（1981，1986）对美国制造体系进行研究后得出结论，19 世纪末和 20 世纪初的美国实现了资本使用和劳动力节约，而阿塔克（2007）最近的研究表明，大型企业尤其是那些使用蒸汽动力的企业比小型企业的资本密集度更高。在这一点上，统计样本手稿的证据是压倒性的，在每次统计中，大企业的资本－劳动比明显高于小企业，而那些我们所认定的"公司制企业"的资本－劳动比明显高于合伙企业或独资企业（见表4.5）。平均而言，公司制企业的资本－劳动比均值至少是合伙企业或独资企业的两倍，通常情况下会更高。那些用来估算资本－劳动比的样本都是来自同一分布，无法对规模不同的公司所面临的未观测到的要素价格做出推断[16]。

根据定义，独资企业（大概）只依赖于一个人的管理能力，因此企业家才能的个体差异能够部分解释小企业利润率存在高方差的原因。更重要的是，小企业有一个明显的优势，即它们比大企业更善于利用小规模和局部的经济机会。这些可能使有先见之明的企业获得了实质性的投资回报[17]。但是，由于投资规模本身就很小，即使是最成功的小企业主也不会迅速致富。

无论高利润或低利润所传递的市场信号是什么，对 19 世纪的大多数企业特别是对小企业而言，利润往往不是吸引外部投资的手段，而是作为企业自身投资资金的来源，因为这些企业在很大程度上依靠自筹资金，它们难以获得银行贷款、贸易信贷和资本市场的公开融资。因此，高利润意味着企业较高的增长率，而低利润意味着较低的增长率和企业资本存量的缩水

（Baumol，1959；Penrose，1959）。如果大企业的收益率比小企业更低，那么在其他条件不变的情况下，小企业增长更快，并有希望在未来的某一天取代目前规模较大的企业。

然而，其他条件并不一定是相同的。撇开利润可能是序列相关的观点不谈，如果企业家（或管理团队）的商业智慧与企业的成功息息相关，则利润率差异和这些利润率因企业规模而产生的变化对企业的成长具有有趣的影响。如果利润纯粹是随机的（也就是说，如果由优秀企业家经营的企业不能持续赚取超过由不良企业家经营的企业的利润），并且忽略商业周期在利润随时间变化过程中的作用，那么我们可以模拟由此产生的随机收益对企业资本累积的可能影响。因此，该模型适用于吉布拉定律（Gibrat's Law）（Kalecki，1945；Simon and Bonini，1958；Evans，1987）。具体假设为：①没有进行外部注资（例如通过对股东行使赎回权）；②所有利润都被用于再投资（因此没有支付股息，而是公司的所有者收到了资本利润形式的回报）；③一旦累计净亏损耗尽投资资本，则该公司将被宣布破产并立即停止经营[18]。

**表 4.5　1850~1880 年按公司规模和组织形式分列的资本 – 劳动比
（每位成年男性等值美元）（平均标准误差）**　　　　　　　　　　　单位：美元

	1850 年	1860 年	1870 年	1880 年
按投入资本				
5000 美元以下	487 (8.50)	602 (10.20)	526 (9.17)	564 (8.20)
5000 美元及以上	1881 (131.50)	2090 (66.90)	2900 (287.90)	2158 (67.25)
按组织形式				
独资企业	645 (15.10)	846 (19.60)	866 (34.20)	
合伙企业	816 (39.20)	1196 (54.40)	1406 (71.50)	
公司制企业	1529 (343.40)	2154 (239.70)	5790 (2645.10)	

注：女性的权重是成年男性的 0.6；儿童的权重是成年男性的 0.5。这些比率大约等于每个人相对于成年男性的工资。平均数已四舍五入到最接近的美元；标准误差为最接近的 10 美分。

我们从利润率的正态分布中随机抽取与表 4.1 中利润数据具有相同均值和方差的利润率数据来模拟小型企业和大型企业的成长和企业破产的概率，并在图 4.1 表示出来。基于这一模拟，我们估计小型企业（1850 年资本不足 5000 美元的企业）在 1 年后破产的概率约为 0.5%，5 年后破产的概率约为 5%，而 10 年后破产的概率约为 7%（见表 4.6）。这些失败率相对较低（也可能太低了），反映出我们对破产采用了过于谨慎的定义，即只有当累计净亏损超过公司的全部投资资本时才会发生破产。限制性较小的“破产规则”会使更多的企业更快退出。这些概率也将产生向下的偏误，使企业利润与创业能力正相关，所以它们之前是序列相关的。例如，如果我们将一家企业停止运营前的最大损失设定为其投入资本的一半，那么 1 年后的破产概率几乎保持不变，但 5 年后几乎有 17% 的可能性会倒闭，而 10 年后的破产概率大约为 20%。

表 4.6　1850~1880 年大型企业和小型企业的破产概率——吉布拉定律的应用

年份	小型企业（资本小于 5000 美元）	大型企业（资本大于等于 5000 美元）
1850 年		
1 年后	0.0045	0.0009
5 年后	0.0529	0.0177
10 年后	0.0713	0.0260
1860 年		
1 年后	0.0045	0.0002
5 年后	0.0516	0.0100
10 年后	0.0688	0.0153
1870 年		
1 年后	0.0032	0.0002
5 年后	0.0215	0.0058
10 年后	0.0247	0.0100
1880 年		
1 年后	0.0009	0.0000
5 年后	0.0057	0.0007
10 年后	0.0064	0.0016

1850 年，在给出了各种参数值的大型企业中，1 年后破产的概率仅为 0.09%，5 年后为 1.8%，10 年后为 2.6%。也就是说，大型企业破产的概率仅为小型企业破产概率的 1/3 左右。到 1870 年，一家大型企业在 10 年后破产的概率为 1%。到 1880 年，大型企业在 10 年后破产的概率为 0.16%，这个概率不到小型企业的一半。

从积极的一面来看，1850 年的小型企业如果保留了所有的利润，则第 1 年投资资本至少有 6% 的机会翻一番，在 5 年内翻一番的概率为 57%，在 10 年内翻一番的概率为 82%。对于大企业来说，投资资本翻一番的概率较低，1 年后为 1.7%，5 年后为 53%，10 年后为 80%。然而，当平均规模较小的小型企业的投资资本翻一番时，其资本规模仍然相对较小，而大型企业的资本翻一番会具有更大的经济效应，有助于产生贝利和米恩斯所说的经济力量集中（Berle and Means，1932）。

然而，破产不太可能是 19 世纪企业消亡的主要原因。当然，对于独资企业和合伙企业来说，最大的风险来自企业家或合伙人的死亡，此类事件也会导致组织形式为独资企业或合伙企业的企业消亡。相比之下，即使是早期的公司制企业章程中所说的 20 年期限，相对于其他类型的企业中企业家或合伙人死亡导致企业消亡的可能性而言，也具有一定的吸引力。事实上，合伙制企业可能是"所有可能的情况中最糟糕的"，因为合伙制企业中多个合伙人的形式只会增加而不是减少至少有一人死亡的可能性，合伙人的死亡会直接导致合伙企业的消亡。例如，科尔的生命表模型显示，30 岁的男性在 40 岁之前死亡的概率为 17.3%，35 岁的男性在未来 10 年内死亡的概率为 20.7%，而 40 岁的男性在未来 10 年内死亡的概率接近于 25%[19]。与这些死亡率相比，不管企业规模大小，模拟的企业生存率都是正的。

19 世纪后期的公共政策越来越侧重于经济权力的集中并把垄断的弊端与利润率过高等同起来。然而我们的研究结果表明，规模较大的公司的投资利润率较低，但这是可以承受的，它们有对股东进行有限债务保护的能力，所以它们会更容易获得贸易信贷、银行贷款和私人资本，从而具有较低的资本成本。由于资本成本较低，这些企业往往具有较高的资本－劳动比和较低的资本生产率，这在观测样本中是有据可查的。由于这些企业利润率的方差较小，因此它们较少遭遇破产或其他财务窘境，但同时，如果它们依赖内部产生的融资来实现增长，则一般情况下它们的增长速度将比更具盈利能力的小型企业慢。然而，大型企业尤其是那些以大型公司为组织形式的企业，在制造业中占据了主导地位。正如首席大法官约翰·马歇尔指出的那样，造成这一现象的重要原因不在于所有权与控制权的分离，而在于公司的消亡与其所有者死亡的分离。他对公司的定义"看不见、摸不着、无形的，只在法律意义上存在的人造物"被广泛引用，同时他在达特茅斯学院诉伍德沃德（*Dartmouth College* v. *Woodward*）案件中的判决仍被广泛引用。

它只拥有其创立的章程明确赋予它的财产或作为其存在的附带属性的财产……其中最重要的是不朽性，如果允许的话，还包括个性；许多人永久继承的财产被视为相同的财产，并且可以作为一个单独的个体。它们使公司能够管理自己的事务和持有财产，而不必为了将财产在人与人之间通过错综复杂的、危险的以及无休止的传达实现转换。公司的发明和使用，主要是为了使人们的身体依次穿上衣服，并具有这些公司发明和使用所需的素质和能力。

（马歇尔，1819）

事实证明，这种优势具有决定性和持久性。

注 释

* 我们感谢卢·凯恩和乔舒亚·罗森布卢姆对本章早期版本的有益评论。

1. 例如，1861 年开始征收所得税，1871 年到期。见 Howe（1896）。

2. 1850~1870 年的制造业普查数据是弗雷德·贝特曼、詹姆斯·福斯特和托马斯·韦斯在国家科学基金项目（GS-2450、GS-2456、SOC 75-18917 和 SOC 75-20034）的资助下收集的。1880 年的数据是由杰里米·阿塔克在国家自然科学基金项目（SES 86-05637）和弗雷德·贝特曼在国家自然科学基金项目（SES 86-09392）的资助下收集的。

3. 特别是，我们没有考虑资本的机会成本。尽管我们对利润的定义比经济利润更接近会计利润，但我们仍然犹豫是否将其称为"会计利润"，因为我们不能确定所有的现金支出或传统上估算的会计费用（如税收、债务利息或折旧）都被计算在内。当然，1890 年之前的普查并没有单独报告这些数据。

4. 我们使用具有全国代表性的样本，这些样本根据制造业在每个样本中的相对重要性来确定权重，解决了 Niemi（1989）及 Vedder 和 Gallaway（1980）关于贝特曼和韦斯在 1850 年和 1860 年的估计中存在的一个重要问题。

5. 我们将企业利润率的区间限定在 −1（即报告的投资资本加上估算的运营资本的损失为 100%）和 +5（即报告的投资资本加上估算的运营资本的回报率为 500%）之间。由于超出此范围而被提出的利润观测值很少：1850 年为 72 个（1.4%），1860 年为 53 个（1.0%），1870 年为 29 个（0.7%），1880

年为 29 个（0.4%）。其中绝大多数处于低端：1850 年为 70 个，1860 年为 50 个，1870 年为 27 个，1880 年为 24 个。截断分配的净效应提高了平均利润率。另外，由于原始数据或转录数据中的错误，这些删除的估计样本中，有一些明显是错误的。例如，1850 年，一家公司的估计损失是该公司报告的投入资本加上估算的运营资本的 52 倍以上。

6. 在其他地方，我们估计企业在 1870 年平均只工作了 254 天（可能是 309 天），而在 1880 年平均只工作了 261 天。见阿塔克等（2002）。

7. 例如，在控制行业、州和统计年度后对资本（单位：千美元）利润率进行回归时，资本回归系数为 −0.0004，标准误差为 0.00008。在控制了 1870 年和 1880 年的统计年度虚拟变量后，这个变量比其他任何变量都具有更强的解释力。将资本的二次项纳入进来提高了拟合度，各系数具有更大的统计意义，线性项为负且大于以前，平方项为正，表明回报率的下降会随着企业规模的增大最终触底，以及规模较大的企业会比规模较小的企业具有更高的回报率。如果规模是以就业或总产出来衡量的，这一点同样适用，而当规模由投资资本来代表时，影响最为显著。

8. 1870 年和 1880 年的统计表明，企业平均每年工作 9.94~10.11 个月，大型企业比小型企业更可能全年工作，见阿塔克等（2002）。如果 1850 年和 1860 年的企业工作市场相似（而且很可能这些是早期的上限而不是下限估计），那么假设工人每年工作 12 个月，我们对利润率的估计将向下偏误，对于较小的企业来说更是如此，从而减少了小型企业和大型企业之间利润率的差异。

9. 利用稳健回归能修正异方差误差，在不推翻"直观"结论的前提下，略微降低了企业规模上的负斜率系数，即利润率与企业规模之间存在负相关关系，这种关系通常随着时间的推移变得更加明显。

10. 人们可能会将银行存款人和银行股东视为共同基金中不同类型的投

资者，共同基金的资产是银行的贷款组合。事实上，根据 Lamoreaux（1994）的研究，新英格兰的国家特许银行经常充当银行内部人士的融资渠道，为他们在战前的其他非银行业务活动提供资金。内战后转向国家银行业的做法鼓励了短期流动资金贷款，通常是以自偿商业票据的形式，而不是长期固定资本投资的形式。见 Davis（1965）。

11. 此外，对企业将反过来向客户提供贸易信贷的预期，也可能意味着大多数企业的贸易信贷总体上只是一个次要的资本来源，即使它对商业的顺利稳定发展至关重要。

12. 尽管大多数人认为有限责任制是公司形式的主要优势，但这一原则并没有立即被普遍采用。相反，从一开始，关键的优势是个人死亡与企业消亡的分离。见 Marshall（1819）的引用。有限责任制只是简单地强调和加强了这种分离。

13. 埃里克·希尔特（Eric Hilt，韦尔斯利学院经济系），通讯日期为 2007 年 5 月 1 日。目前还不知道其他州在不同普查时期对资本的法律要求。

14. 另一种更常见的受国家监管的商业组织形式是合伙制企业。见 Lamoreaux（1995）及 Lamoreaux 和 Rosenthal（2005）。

15. 虽然公司一般比独资企业和合伙企业大，但情况未必都如此。例如大型肉类包装商斯威夫特与阿穆尔（Swift and Armour）直到 19 世纪 80 年代都保持着合伙制，而标准石油公司最初也是以合伙制的形式组建的。

16. 生产理论给出了企业可能使用不同因素比例的几个原因：①企业使用不同的技术；②企业面临同样的生产函数，但该函数是非齐次的，所以生产扩张线倾斜，导致不同的要素比例取决于不同的规模，并与业务相一致；③由于市场缺陷，企业面临不同的要素价格。

通过估计单个生产函数，可以拒绝命题①；由于我们的数据中无法观测要素价格，我们不能直接测试命题③；然而，我们确实观察到企业在不同的规模上采用了不同的要素比例，这与命题②一致，但这不是解释该模式的充分条件。如果我们可以证明生产函数是齐次的，那么对于相同技术下不同规模的要素比例的观察差异，唯一的解释就是不同规模的公司面临不同的要素价格。

我们可以使用超越对数范式来测试生产函数是否齐次：

$$\ln Y = \alpha_0 + \alpha_1 \ln K + \alpha_2 \ln L + \alpha_{31} (\ln K)^2 + \alpha_{32} (\ln L)^2 + \alpha_{33} (\ln L)(\ln K)$$

当满足下面的条件时生产函数的这种形式是齐次的：

$$\alpha_{31} = \alpha_{32} = -\alpha_{33}/2$$

Van Gelder（1994）利用这一性质提出，印度尼西亚的大型和小型纺织企业必定面临着不同的资本价格，因为生产函数是齐次的，而大型和小型企业使用相同的技术。然而在其他地方（Atack et al.，2004；Atack et al.，2007），我们认为在 19 世纪，同一行业的大型企业（工厂）和小型企业（手工作坊）使用了不同的技术。后者使用手工工具和熟练工人，而前者则利用熟练的工人制造机械工具，由非熟练的工人看管机械工具。如果没有同样的技术和相同的生产方式，我们就无法对规模不同的公司所面临的未观测到的要素价格做出推断。

17. 平均而言，垄断程度（即公司规模与区域市场规模的相对大小）较高的企业的利润率较高。

18. 这样一项破产规则违反了吉布拉定律关于成比例增长的严格假设。

19. 参见 Coale et al.（1983），Model West，level 6。

参考文献

Alexander, S. S. (1949), "The Effect of Size of Manufacturing Corporation on the Distribution of the Rate of Return", *Review of Economics and Statistics* 31(3): 229–235.

Atack, J. (1985), *Estimation of Economies of Scale in Nineteenth Century United States Manufacturing*. New York, Garland Pub.

Atack, J. and Bateman, F. (1999), "Nineteenth Century American Industrial Development Through the Eyes of the Census of Manufactures: A New Resource for Historical Research", *Historical Methods* 32(4): 177–188.

Atack, J. and Rousseau, P. L. (1999), "Business Activity and the Boston Stock Market, 1835–1869", *Explorations in Economic History* 36(2): 144–179.

Atack, J., Bateman, F. and Margo, R. A. (2002), "Part Year Operation in Nineteenth Century American Manufacturing: Evidence from the 1870 and 1880 Censuses", *Journal of Economic History* 62(3): 792–809.

Atack, J., Bateman, F. and Margo, R. A. (2004), "Skill Intensity and Rising Wage Dispersion in Nineteenth Century American Manufacturing", *Journal of Economic History* 64(1): 172–192.

Atack, J., Bateman, F. and Margo, R. A. (2007), "Steam Power, Establishment Size, and Labor Productivity Growth in Nineteenth Century American Manufacturing", Vanderbilt University.

Baskin, J. B. (1988), "The Development of Corporate Financial Markets in Britain and the United States, 1600–1914: Overcoming Asymmetric Information", *Business History Review* 62(2): 199–237.

Bateman, F. and Weiss, T. J. (1975), "Market Structure before the Age of Big Business: Concentration and Profit in Early Southern Manufacturing", *Business History Review* 49(3): 312–336.

Bateman, F. and Weiss, T. J. (1981), *A Deplorable Scarcity: The Failure of Industrialization in the Slave*

Economy. Chapel Hill, University of North Carolina Press.

Bateman, F., Foust, J., et al. (1975), "Profitability in Southern Manufacturing: Estimates for 1860", *Explorations in Economic History* 12(3): 211–231.

Baumol, W. J. (1959), *Business Behavior, Value and Growth*. New York, Macmillan.

Berle, A. A. and Means, G. C. (1932), *The Modern Corporation and Private Property*. New York and Chicago: Commerce Clearing House Inc.

Blandi, J. G. (1934), *Maryland Business Corporations, 1783–1852*. Baltimore, The Johns Hopkins Press.

Cadman, J. W. (1949), *The Corporation in New Jersey: Business and Politics, 1791–1875*, Cambridge, Harvard University Press.

Cain, L. P. and Paterson, D. G. (1981), "Factor Biases and Technical Change in Manufacturing: The American System, 1850–1919", *Journal of Economic History* 41(2): 341–360.

Cain, L. P. and Paterson, D. G. (1986), "Biased Technical Change, Scale, and Factor Substitution in American Industry, 1850–1919", *Journal of Economic History* 46(1): 153–164.

Clark, V. S. (1929), *History of Manufactures in the United States*. New York [etc.], Published for the Carnegie Institution of Washington by the McGraw-Hill Book Company Inc.

Coale, A. J., Demeny, P. G. and Vaughan, B. (1983), *Regional Model Life Tables and Stable Populations*. New York, Academic Press.

Crum, W. L. (1934), *The Effect of Size on Corporate Earnings and Condition: An Analysis of 1931 Income Tax Statistics*. Boston, Mass., Harvard University Graduate School of Business Administration Bureau of Business Research.

Crum, W. L. (1939), *Corporate Size and Earning Power*. Cambridge, Mass., Harvard University Press.

Dalzell, R. F. (1987), *Enterprising Elite: The Boston Associates and the World They Made*. Cambridge, Mass., Harvard University Press.

Davis, L. E. (1965), "The Investment Market, 1870–1914: The Evolution of a National Market", *Journal of Economic History* 25(3): 355–399.

Delle Donne, C. R. (1973), "Federal Census Schedules, 1850–1880: Primary Sources for Historical Research", National Archives and Record Service Reference Information Paper, 67.

Dewing, A. S. (1921), "A Statistical Test of the Success of Consolidations", *Quarterly Journal of Economics* 36(1): 84–101.

Dixon, F. H. (1896), *State Railroad Control, with a History of Its Development in Iowa*. New York, T. Y. Crowell & Company.

Dodd, E. M. (1954), *American Business Corporations Until 1860, with Special Reference to Massachusetts*. Cambridge, Mass., Harvard University Press.

Eilert, J. W. (1963), *Illinois Business Incorporations, 1816–1870*, Urbana, Ill.: University of Illinois Ph.D Thesis.

Engerman, S. L. and Gallman, R. E. (1986), *Long-term Factors in American Economic Growth*. Chicago, Ill., University of Chicago Press.

Epstein, R. C. and Clark, F. M. (1934), Industrial Profits in the United States. New York, National Bureau of Economic Research in Cooperation with the Committee on Recent Economic Changes.

Evans, D. S. (1987), "Tests of Alternative Theories of Firm Growth", *Journal of Political Economy* 95(4): 657–674.

Evans, G. H. (1948), *Business Incorporations in the United States, 1800–1943*. New York, National Bureau of Economic Research.

Frost, T. G. (1905), A Treatise on the Incorporation and Organization of Corporations Created under the "Business Corporation Acts" of the Several States and Territories of the United States. Boston, Mass., Little Brown.

Fundaburk, E. L. (1963), *Business Corporations in Alabama in the Nineteenth Century*, Columbus, Oh., Ohio State University Ph.D Thesis.

Grandy, C. (1989), "New Jersey Corporate Chartermongering, 1875–1929", *Journal of Economic History* 49(3): 677–692.

Hall, M. and Weiss, L. (1967), "Firm Size and Profitability", *Review of Economics and Statistics* 49(3): 319–331.

Hamill, S. P. (1999), "From Special Privilege to General Utility: A Continuation of Willard Hurst's Study of Corporations", *American University Law Review* 49: 81–180.

Homer, S. and Sylla, R. E. (2005), *A History of Interest Rates*. Hoboken, N.J., Wiley.

Howard, S. E. (1938), "Stockholders' Liability under the New York Act of March 22, 1811", *Journal of Political Economy* 46(4): 499–514.

Howe, F. C. (1896), Taxation and Taxes in the United States under the Internal Revenue System, 1791–1895; An Historical Sketch of the Organization, Development, and Later Modification of Direct and Excise Taxation under the Constitution. New York, T.Y. Crowell & Company.

Hurst, J. W. (1970), *The Legitimacy of the Business Corporation in the Law of the United States, 1780–1970*. Charlottesville, Va., University Press of Virginia.

Hymer, S. and Pashigian, P. (1962), "Firm Size and the Rate of Growth", *Journal of Political Economy* 70(6): 556–569.

Kalecki, M. (1945), "On the Gibrat Distribution", *Econometrica* 13(April): 161–170.

Kamerschen, D. R. (1968), "The Influence of Ownership and Control on Profit Rates", *American Economic Review* 58(3:1): 432–447.

Kessler, W. C. (1940), "A Statistical Study of the New York General Incorporation Act of 1811", *Journal of Political Economy* 48(6): 877–882.

Kuehnl, G. J. (1959), *The Wisconsin Business Corporation,* Madison, Wis., University of Wisconsin Press.

Lamoreaux, N. R. (1994), *Insider Lending: Banks, Personal Connections, and Economic Development in Industrial New England*, Cambridge, England and New York, Cambridge University Press.

Lamoreaux, N. R. (1995), "Constructing Firms: Partnerships and Alternative Contractual Arrangement in Early Nineteenth Century American Business", *Business and Economic History* 24(2): 43–72.

Lamoreaux, N. R. and Rosenthal, J.-L. (2005), "Legal Regime and Contractual Flexibility: A Comparison of Business's Organization in France and the United States during the Era of Industrialization", *American*

Law and Economics Review 7(Spring): 28–61.

McConnell, J. L. (1945), "Corporate Earnings by Size of Firm", *Survey of Current Business* 25(May): 6–12.

McGouldrick, P. F. (1968), *New England Textiles in the Nineteenth Century: Profits and Investment*, Cambridge, Mass., Harvard University Press.

Mansfield, E. (1962), "Entry, Gibrat's Law, Innovation and the Growth of Firms", *American Economic Review* 52(5): 1023–1051.

Marcus, M. (1969), "Profitability and Firm Size: Some Further Evidence", *Review of Economics and Statistics* 51(1): 104–107.

Marshall, J. (1819), *Trustees of Dartmouth College v. Woodward*, 17 U.S. (4 Wheat.) 518.

Martin, J. G. (1871), Seventy-three years' history of the Boston Stock Market, from January 1,1798 to January 1,1871; with the semi-annual dividends paid from commencement of the Boston banks, insurance, railroad, manufacturing, and miscel laneous companies. Also the prices of American gold, government securities, state, city, and railroad bonds, and miscellaneous stocks, Boston, Mass., Joseph G.Martin. Massachusetts (1870), "An Act Concerning Manufacturing and Other Corporations", Chapter 224.

Monsen, R. J. C., John S. Chiu and Cooley, D. E. (1968), "The Effect of Separation of Ownership and Control on the Performance of the Large Firm", *Quarterly Journal of Economics* 82(3): 435–451.

Navins, T. and Sears, M. (1955), "The Rise of a Market for Industrial Securities, 1887–1902", *Business History Review* 29(2): 105–138.

Niemi Jr., A. W., (1989), "Comment and Debate: Industrial Profits and Market Forces. The Antebellum South", *Social Science History* 13(1): 89–107.

Palmer, J. P. (1973), "The Profit Performance Effects of the Separation of Ownership from Control in Large U.S. Industrial Corporations", *Bell Journal of Economics* 4(1): 293–303.

Penrose, E. T. (1959), *The Theory of the Growth of the Firm*. New York, Wiley.

Rousseau, P. L. (1999), "Share Liquidity and Industrial Growth in an Emerging Market: The Case of New

England, 1854–1897", NBER Development of the American Economy, Working Paper 117.

Samuels, J. M. and Smyth, D. J. (1968), "Profits, Variability of Profits and Firm Size", *Economica* 35(138): 127–139.

Simon, H. A., Bonini, C. P. (1958), "The Size Distribution of Business Firms", *American Economic Review* 48(September): 607–617.

Snowden, K. A. (1987), "American Stock Market Development and Performance, 1871–1929", *Explorations in Economic History* 24(4): 327–353.

Sokoloff, K. L. (1984), "Was the Transition from the Artisanal Shop to the Nonmechanized Factory Associated with Gains in Efficiency? Evidence from the U.S. Manufacturing Censuses of 1820 and 1850", *Explorations in Economic History* 21(4): 351–382.

Stekler, H. O. (1963), *Profitability and Size of Firm*. Berkeley, Calif., University of California Berkeley, Institute of Business and Economic Research.

Stekler, H. O. (1964), "The Variability of Profitability with Size of Firm, 1947–1958", *Journal of the American Statistical Association* 59(308): 1183–1193.

Summers, H. B. (1932), "A Comparison of the Rates of Earning of Large-Scale and Small-Scale Industries", *Quarterly Journal of Economics* 46(3): 465–479.

Trusk, R. J. (1960), *Sources of Capital of Early California Manufacturers, 1850–1880*, Urbana, Ill., University of Illinois Ph.D Thesis.

United States, Bureau of the Census (1902), *Twelfth Census of the United States, Taken in the Year 1900*. Manufactures, Washington, D.C., U.S. Census Office.

United States, Census Office (1883), *Compendium of the Tenth Census* (June 1, 1880), Washington, D.C., Government Printing Office.

United States, Census Office (1990), The statistics of the wealth and industry of the United States, embracing the tables of wealth, taxation, and public indebtedness; of agriculture, manufactures, mining, and the fisheries: with which are reproduced, from the volume on population, the major tables of occupations:

compiled from the original returns of the ninth census (June 1, 1870), under the direction of the Secretary of the Interior, Reprinted: New York, Norman Ross Publ.

United States, Census Office, Department of the Interior (1860), Instructions to U.S. Marshals. Instructions to Assistants: Eighth Census, United States. 1860, Washington, D.C., George W. Bowman.

Van Gelder, L. (1994), *Industrial Agglomeration and Factor Market Segmentation with Empirical Applications to Indonesia, Cornell University, August*: x, 211 Leaves Ph.D Thesis.

Vedder, R. K. and Gallaway, L. E. (1980), "The Profitability of Antebellum Manufacturing: Some New Estimates", *Business History Review* 54(1): 92–103.

Wilson, T. L. (1965), *Florida Business Corporations, 1838–1885*, Urbana, Ill., University of Illinois Ph.D Thesis.

铁路开通与地方经济发展：

19 世纪 50 年代的美国

迈克尔·R. 海恩斯

罗伯特·A. 马戈

Michael R. Haines

Robert A. Margo[*]

美国在 19 世纪经历了一场"交通革命"（Taylor，1951）。运河和其他通航水道的建设，特别是铁路的发展进一步把生产要素和产品市场联系在一起，并通过分工和区域比较优势刺激了经济增长（North，1961；Goodrich，1961；Ransom，1967，1970；Williamson，1974；Haites et al.，1975）。这一时期的经济史学家研究了 19 世纪铁路对社会总储蓄的影响（Fogel，1964；Fishlow，1965），但是他们很少关注铁路开通给当地经济水平带来的影响。尽管人们当时对这个方面的影响非常感兴趣，而且经济理论对此提供了非常有用的指导，但是学者对相关研究的关注度较低。

在本章，我们研究了 19 世纪 50 年代地方在开通铁路后产生的各种经济影响，其中"地方"的意思是"县"。我们以克雷格等（Craig et al.，1998）及科菲曼和格雷格森（Coffman and Gregson，1998）先前的研究为出发点，他们都使用了美国内战前的横截面数据。研究结果显示，在某一时刻靠近铁路与较高的农业用地价值呈正相关。两个密切相关的经济框架——赫克歇尔－俄林（Heckscher-Ohlin）国际贸易模型和冯·杜能（Von Theunen）的农业用地租金模型为解释这种横截面模式提供了经济理论支持。除了土地租金上涨，这些框架还预测了其他经济结果，而我们主要关注的就是这些预测结果。

我们从地图上获取了县级地区铁路开通情况的相关信息，这一信息具体就是在 1850 年或 1860 年（或者两者都有）是否有铁路线穿过该县。铁路开通数据与 1850 年和 1860 年的经济成果有关。我们使用双重差分（DID）分析方法，比较处理组（19 世纪 50 年代开通铁路的县）和控制组在铁路开通前后的结果。

根据刚才提到的两个框架，我们对铁路影响的分析产生了不同的结果。与之前的研究一样，无论是从绝对意义上还是从相对于农业工资的意义上，我们发现铁路开通确实导致了土地价格的上涨，但影响很小。我们还发现，铁路开通与农业产量下降、改良土地面积在总土地面积中所占比例减少、城市化水平提高以及参与农业生产活动的可能性降低有关。

铁路和美国经济发展

　　虽然美国在 19 世纪初就已经开始讨论修建铁路的计划，但美国的铁路直到 19 世纪 20 年代末才真正开始扩张[1]。美国最早的铁路是供采矿和采石的有轨电车使用，如 1826 年在马萨诸塞州昆西市开始运营的所谓"花岗岩铁路"。但是，现代意义上的铁路真正起源于巴尔的摩、波士顿和查尔斯顿等港口城市，因为这些城市缺乏足够的将陆路与水路进行连接的方式，无法与内地进行更大规模的贸易往来。到 1840 年，美国已经铺设了大约 3300 英里的铁路（其中约有 2800 英里在运行），其中大部分在新英格兰地区、大西洋中部地区和南大西洋地区各州，几乎所有的铁路都是短途旅行（"短途线路"）。19 世纪 40 年代，美国铁路里程得到了进一步增长，里程增长的大部分出现在新英格兰地区，在纽约州也有一部分。在这 10 年里建设的铁路基本上都绕开了南部和中西部，只有两条铁路经过了该地区，分别是连接萨凡纳和查塔努加的铁路，以及一条从桑达斯基到辛辛那提并穿越了俄亥俄州的铁路。

　　正是在 19 世纪 50 年代，美国经历了第一波铁路扩张浪潮（Stover，1978）。在这 10 年中，美国铺设了大约 22000 英里的铁路，使得美国内战前夕的铁路总里程超过 30000 英里。美国联邦政府早在 1850 年之前就已经通过免费提供土地以供勘测的间接方式参与了铁路扩张（1824~1838 年，授权勘测的法律被废止了），并在 1850 年首次投票通过了以土地赠予的形式进行的直接补贴，美国在后来的 10 年间也有过多次扩张。到 1860 年，除了东北部地区的大面积地区开通了铁路外，伊利诺伊州、印第安纳州和俄亥俄州的铁路也是纵横交错。与此同时，威斯康星州和艾奥瓦州开通了铁路的地方也明显增加。

相比之下，南方实现了铁路覆盖的地区面积相对较小，但在 19 世纪 50 年代，
该地区铁路的运输范围也经历了大幅扩张，如 Stover 所记：

> 内战前的 10 年是美国铁路史上最活跃的时期之一。1850 年，缅因
> 州和佐治亚州之间的地区只有一串短途铁路，还有一些连接俄亥俄河和
> 五大湖的零星铁路。到南北战争前夕，超过 30000 英里的铁路为密西西
> 比河以东的所有州提供了相当充分的服务，很少有人口密集的地区能够
> 与机车的汽笛声隔绝。
>
> （Stover，1978）

经济史学家把相当多的精力放在衡量铁路对 19 世纪美国经济增长的总
体影响上。Fishlow（1965）关注的是美国铁路在战前的扩张，特别是美国
的铁路建设是否"超前于需求"及其对全要素生产率增长的影响上。Fogel
（1964）、Fishlow（1965）、Williamson（1974）及 Kahn（1988）测量了铁路
运输产生的社会节约，即相对于次优的运输选择，通过铁路运输货物所节省
的资源成本。学者们一致认为，铁路的影响虽然在经济上具有重大意义，但
不足以被贴上 Fogel 所说的"不可或缺"的标签。

尽管同时代的人肯定知道改善交通的综合效益，但许多人更关心其对地
方经济水平的影响。经济史学家并没有完全忽视对这些局部影响的衡量，尽
管对它们的关注比对社会总储蓄的关注要少。

推动我们工作的两项具体研究是克雷格等（1998）及科菲曼和格雷格
森（1998）。克雷格、帕姆奎斯特（Palmquist）和韦斯（Weiss）使用地图
来判断一个县在 1850 年和 1860 年是否开通了水路或者铁路，然后将他们
的交通数据与普查数据联系起来，从而提供了有关农业土地价值及其潜在
决定因素（除了交通方式开通之外）的信息。他们估算了平均每英亩耕地

价值的自然对数与水路通行和铁路通行虚拟变量以及其他决定因素的横截面回归。结果显示，在控制其他因素的情况下，1850 年，如果一个县开通了铁路，则该县的土地价值会高出 15%；1860 年开通的影响会稍微小一些（大约为 8%）。科菲曼和格雷格森（1998）利用 1855 年伊利诺伊州诺克斯县的纳税评估记录来衡量与最近完工的铁路之间的距离所产生的影响。他们的横截面回归表明，1850 年，铁路带来的资本收益相当于该县土地价值的 9% 左右。

这两项研究都是根据当时的经济现象和现代的经济模型来解释的，这些模型主要是研究了交通方式的开通对当地经济活动的影响（Atack and Passell，1994）。例如，克雷格等（1998）注意到，同时代的人认识到"改善农产品的运输条件对农业用地价值存在潜在影响"，并且在某些情况下试图使用当时可用的基本技术来衡量这种影响。科菲曼和格雷格森（1998）通过使用下一节讨论的冯·杜能模型框架更加准确地证实了他们的分析。然而，这两项研究都侧重于土地价值，而没有评估其他影响；也就是说，如果采用赫克歇尔－俄林或者冯·杜能模型，则都不会研究铁路开通对本县的广泛影响，例如，对农业产出或农业中的劳动力比重的影响（见下一节）。如果赫克歇尔－俄林或冯·杜能模型实际上是解释铁路扩张如何影响地方经济的适当框架，那么应该就出现对这种影响的评估。

铁路开通对当地经济的影响：分析框架

我们草拟了两个相互关联的框架来评估铁路对地方经济的影响。第一个框架是我们熟悉的赫克歇尔－俄林两部门贸易模型，其中每个部门都有特定的要素。第二个框架是冯·杜能模型，其中与贸易发生的中心地点的距离对地租起着关键作用。

我们的报告强调了铁路通行之前当地经济在农业方面具有的比较优势所产生的影响。这与下一节讨论的铁路开通的数据是一致的，这些数据显示，19 世纪 50 年代中西部地区各州中农业比例过高的州（与新英格兰地区各州相比）从铁路开通中获益最大。

作为一个出发点，我们假设一个地方经济体的总土地面积为 T，其中的小部分 δT，已经被"清除"了，或者可以其他方式与劳动力 L_A 一起用于生产一种农产品，其产量为 $Q_A = F(L_A, \delta T)$。当地还存在资本存量 K，可以与劳动力结合生产一种非农业产品，其产量为 $Q_M = G(L_M, K)$。我们假设 F 和 G 是规模报酬不变的。在该地方经济中，各个家庭被同等赋予了 L 单位劳动力、K 单位资本和 T 单位土地的禀赋。最初，该地不进行对外贸易，因此均衡是由当地供给等于当地需求来定义的。在传统的效用函数下，可以确保有一个内部解，从而使农产品和非农业产品的产量都为正数。

在贸易之前，我们假定该地方经济体在生产农产品方面具有比较优势，如果可能的话，它将进口非农业产品。设 p 为农产品的外部相对价格，$p*$ 是当地的相对价格，其中 $p*<p$。也就是说，如果该地方经济体能够与其他地方经济体进行贸易，则无论远近，该地方经济体都会从贸易中获益。

接下来，假设修建了一条铁路，使该地方经济体中的农民能够进行对外贸易。由于农产品在外部相对价格较高，农民现在有了出口农产品和进口其他地方生产的非农业产品的动机。在短期内，劳动力将从非农业部门转移到农业部门，农业部门的产出会随之扩大。然而，产出增长的幅度受到 T 的限制——短期内收益递减。劳动力流入农业部门提高了土地的边际产量。由于土地的边际产量和农产品的相对价格现在都更高了，所以农产品的产量（每英亩产量）增加了。因此，土地的租金更高。相反，资本的边际产量随着劳动力离开非农业部门而下降。在标准模型中，对土地租金价格的影响将主导流动要素的净效应，同时工资相对于土地租金的价格将会下降。

标准的赫克歇尔－俄林框架下的土地存量视为给定的。然而，我们的第二个框架冯·杜能模型明确指出，农产品相对产出价格的上涨会创造将更多土地用于农业生产的激励。为了说明这一点，我们假设每个农民都有 1 个单位的土地，该土地要素与劳动力结合起来使用固定系数的生产技术生产农产品，$Q = \min(1, L/b)$。农产品一旦生产出来，就必须运输（比如说，用马车）到贸易（以农业产品换取非农业产品）的"中心位置"。固定的技术系数将确保一个线性的"租金竞价"曲线，以给出在距中心位置 d 处购买 1 单位土地的最大支付意愿：

$$R = PQ - wL - cdQ$$

通过设 $R=0$，我们定义了耕作限度为 $d^* = (p-wb)/c$。由此可以直接得出 $dd^*/dp > 0$，即当农产品的相对价格增加时，耕作限度也会扩大，因此，农业用地占土地总面积的比例增加（$d\delta > 0$）。

综上所述，我们的实证分析考察了从这两个框架得出的铁路开通 [d (rail) > 0] 的以下影响：

$d(w/r) < 0$：工资－租金比率下降（赫克歇尔－俄林模型）

$d(yield) > 0$：农业产量增加（赫克歇尔－俄林模型）

$d(L_A/L) > 0$：农业在当地劳动力供应中所占的比例增加（赫克歇尔－俄林模型）

$d\delta > 0$：农业用地占土地总面积的比例增加（冯·杜能）

数据和估计

我们的实证分析基于 1850 年和 1860 年的面板数据集进行。这个数据集合并的信息包括最初由克雷格等（1998）收集的关于铁路开通的信息和 ICPSR 普查数据集的修订版本（Haines and ICPSR，2006），以及从 1850 年和 1860 年联邦社会统计普查手稿附表中收集的县级农业工资数据（Margo，2000）。由于不是每一个州都有工资数据（或者对于有现存记录的州来说，不是每个县都有工资数据），因此，该样本在地理意义上不能完全代表内战前的美国。在匹配的数据集中，我们将注意力集中在1850~1860 年未改变土地面积的县。样本总数为来自 14 个州的 672 个县（见表 5.1）。

马戈（Margo，2000）从 1850 年和 1860 年的社会统计普查手稿中收集了工资数据。手稿的观察单位是小的民事区划（或者在某些城市是选区），对于每个县，我们对县以下的数字进行了等权重加权平均。普查也收集了关于"劳动力每周食宿费"的资料，从这些资料中我们可以计算出每月食宿费的价值，并将其加到货币工资中。因此，调整后的农业工资定义如下：

调整后的农业工资 = 报告货币工资 +4.3× 每周食宿费

普查还在"不含食宿费用"的情况下记录了普通劳动者的日工资。马戈（2000）表明，一旦将失业风险溢价与每日的工作（而不是每月的工作）联系起来解释，县级农业和非农业部门之间非熟练工人工资的平均差异似乎已经可以忽略不计，这与内战之前劳动力可以在地方的农业和非农业部门之间自由流动的假设相一致。

克雷格、帕姆奎斯特和韦斯使用地图来确定一个县在 1850 年和 1860 年是否开通了水路或者铁路。表 5.1 的面板 A 显示，从上述定义来说，1850 年样本中约 22% 的县有铁路通道。1850~1860 年，铁路通道增加了 1 倍多，在内战前夕，样本中近 46% 的县开通了铁路。

面板 A 的第 3~5 行显示了 1850 年没有开通铁路的地区在 1860 年的铁路开通情况。总的来说，在 1850 年没有铁路的 521 个县中，有 30.1% 到 1860 年时有了铁路。第 4~5 行表明铁路开通与现有的水路通道相关：能够使用水路运输的县不太可能开通铁路。下文表明，水路通道对铁路开通的负面影响在引入各种协变量以及州虚拟变量后仍然存在；也就是说，该结论并不是未考虑铁路通行的其他决定因素的偶然后果。

表 5.1　1850 年和 1860 年铁路开通情况

面板 A：县级全样本数据（土地面积为常数）

	县的数量（个）	铁路开通率（各县权重相同，%）	铁路开通率（各县按人口加权，%）
1850 年所有县	672	22.4	46.9［70.8］
1860 年所有县	672	45.8	66.3［82.3］
1850 年未开通铁路，到 1860 年开通了铁路的县	521	30.1	38.8
1850 年铁路和水路均未开通，到 1860 年开通了铁路的县	300	33.7	42.9
1850 年开通了水路但未开通铁路，到 1860 年开通了铁路的县	221	25.2	33.6

注：样本由 1850 年和 1860 年合并的 ICPSR (Haines)-Margo 数据库中的县组成，其中这些县的土地面积（单位为平方英里）为常数。相同权重：观测单位为县。按人口加权：各县按给定年份的总人口加权。如果某县境内有铁路，则铁路开通 = 1；如果一个县在其边界内（或边界上）有可通航的水道，则水路开通 = 1。[ ] 内的数据表示居住在开通了铁路或水路的县的人口比例。

面板 B：按州划分的铁路开通状况（按人口加权）

州	县的数量（个）	1850 年铁路开通率（%）	1860 年铁路开通率（%）	1850 年未开通铁路，到 1860 年开通铁路的概率（%）
马萨诸塞州	11	98.3	99.4	64.7
宾夕法尼亚州	58	75.0	89.6	58.4
印第安纳州	80	34.1	70.8	55.7
密歇根州	32	74.1	78.6	17.4
艾奥瓦州	46	0	33.0	33.0

州	县的数量（个）	1850 年铁路开通率（%）	1860 年铁路开通率（%）	1850 年未开通铁路，到 1860 年开通铁路的概率（%）
				续表
弗吉尼亚州	106	28.5	49.9	29.9
乔治亚州	22	76.5	84.9	35.7
路易斯安那州	25	44.3	53.2	16.0
密西西比州	51	5.0	48.4	45.7
北加利福尼亚州	63	16.6	40.0	28.1
南加利福尼亚州	28	54.6	72.0	38.3
得克萨斯州	33	0	15.8	15.8
肯塔基州	68	16.7	36.0	23.2
田纳西州	49	23.1	59.5	47.3

注：样本定义见面板 A。第 4 列计算方式：（第 3 列 – 第 2 列）/（100 – 第 2 列）×100%。

面板 C：1850 年未开通铁路，到 1860 年开通了铁路的概率的线性回归系数		
	等权重	按 1850 年人口加权
1850 年是否开通水路（是 =1）	−0.105(0.036)	−0.082 (0.038)
1850 年城市人口比重	0.424*(0.148)	0.273* (0.124)
1850 年 log(人口密度)	0.122*(0.021)	0.049(0.027)
是否包括州虚拟变量	是	是
调整 R^2	0.229	0.242

注：* 表示在 5% 的水平下显著。

在面板 A 的第 3 列中，我们根据相关普查年度中样本县的总人口对观测值进行了加权（在第 3~5 行中为 1850 年的人口）。如果按人口加权，这两个年份拥有铁路的比例都在增加，表明人口稠密的县更有可能在 1850 年之前拥有铁路，或者在 1850 年没有开通铁路的情况下在 1860 年拥有铁路。然而，如果我们用土地面积来代替人口进行加权，则类似的效果并不明显，这意味着人口密度是 1850 年或 1860 年影响地方是否开通铁路的一个因素。最后，括号内的数字显示能够使用铁路或水路进行运输的人口比例。1850 年，约 71% 的美国人口居住在开通了铁路或者水路的县；到 1860 年，这个数字达到了 82%。正如 Stover（1978）所言，19 世纪的交通革命在内战前夕就已基本结束，甚至早十年。这一事实可能有助于解释为什么我们所估计的铁路运输的影响相对较小。

表 5.1 中面板 B 列出了各州按照人口加权的铁路开通情况。在东北部，像马萨诸塞州和宾夕法尼亚州，到 1860 年几乎已经实现了全境铁路通行。对于中西部的 3 个州来说，在南北战争之前，交通状况差异很大。1850 年，密歇根州的大部分人口居住在开通了铁路的县里，而 19 世纪 50 年代，该州的铁路数量几乎没有增长。相反，在印第安纳州，1850 年只有大约 1/3 的人口居住区附近有铁路，但到 1860 年，约 71% 的人可以使用铁路运输。1850 年，艾奥瓦州没有铁路，但 1860 年该州 1/3 的人口居住区附近有铁路。数据还表明，1850 年南方地区的铁路开通状况存在显著差异。1850 年，乔治亚州超过 3/4 的人口居住在有铁路的县，而弗吉尼亚州只有约 28% 的人口能使用铁路运输。19 世纪 50 年代，一些南部州的铁路覆盖面迅速扩大，如肯塔基州和田纳西州。

表 5.1 的面板 C 报告了在 1850 年没有开通铁路的情况下在 1860 年开通铁路的概率的线性回归系数。协变量包括是否开通水路、城市化水平、人口密度的对数以及州虚拟变量。在第 1 列中，数据（各县）的权重相等，而在第 2 列中，则按照人口加权。

我们从前面几个面板的结果中观察到了水路开通的负效应和人口密度的正效应，而回归分析也证实了这一点。我们假设如果存在足够多的城市人口，则能够开通水路或者铁路的可能性会相应增加。相对较大的"中心位置"与贸易之间是相互补充的，并因此能为火车提供一个方便停靠的地方以装卸货物。这一假设得到了证实：城市人口比重的增加对水路与铁路开通的可能性有着非常显著的正向影响。使用 1850 年人口加权结果则稍微降低了系数的大小，但没有改变它们的符号。

我们还估计了未引入州虚拟变量（未在文中报告）的回归，同样，我们估计的实质性结果也没有受到影响。然而，F 检验清楚地表明，在控制 3 个协变量的情况下，添加州虚拟变量显著地提高了回归的拟合度，这表明，在控制了协变量的条件下，开通铁路的可能性在各州间存在差异。

我们使用双重差分法研究铁路开通的影响。设 y_{it} 为因变量，R_{it} 为铁路开通的虚拟变量，"i" 表示"县"，"t" 表示"年"，则我们的基准模型为：

$$y_{it} = a_i + \beta R_{it} + \delta_t + \epsilon_{it}$$

其中 δ 为 1860 年的虚拟变量，ϵ 为随机误差项。我们不对其进行直接估计，而是用一阶差分形式进行估计：

$$\Delta y = \delta + \beta \Delta R + \gamma$$

其中 $\gamma = \epsilon_{i,1860} - \epsilon_{i,1850}$。

我们剔除了 2 个似乎在 19 世纪 50 年代失去铁路的样本县，在我们的数据集中，铁路一旦开通便是永久性的（至少在 1860 年）。因此，当且仅当该县在 1850 年未开通铁路并在 1860 年开通铁路时，$\Delta R = 1^2$。

按照双重差分法，"控制组"中的县包括：① 1850 年未开通铁路，且未能在 1850~1860 年开通铁路的县；② 1850 年开通了铁路的县。在一些设定中（见下文），我们排除了 1850 年之前已经开通了铁路的县，而是将重点放在开通铁路有风险的总体上。"处理组"中的县包括在 19 世纪 50 年代获得通行权的县。因此，争论的焦点是结果变量是否随着铁路的开通而改变。这是一种"前后对比"的方法，因此我们将1850~1860年处理组的结果变量的变化与对照组的类似变化进行比较。

如果使用最小二乘法（OLS）估计回归，则需要假设处理（即开通铁路）和误差项 μ 是不相关的。在标准的双重差分法中，这个假设可以通过不同的方式得到满足——例如，通过预先选择处理和控制观察结果，使它们"相似"，或者通过在回归中引入协变量以消除铁路开通和误差项之间的任何相关性。我们已经证明，1850年ΔR依赖于水路开通、城市人口比重和人口密度。而且，即使在控制了这些变量之后，还有州与州之间的差异这一因素。因此，在某些设定中，我们在估计的文本中包括了一些协变量，这些变量包含了1860年时间虚拟变量和协变量之间的交互作用。

包括2个或2个以上的y在处理前的取值是较为理想的，以便控制先前已经存在的趋势的可能性。由于我们的数据与1840年的普查没有联系，因此我们无法引入任何当前已经存在的趋势[3]。然而，我们可以（并且确实）在一些设定中引入1850年结果变量的观测值，这实际上允许结果变量"回归到平均值"。表5.2为数量结果变量的回归结果，表5.3为要素价格结果变量的回归结果。

在表5.2的面板A中，我们报告了铁路通行对城市人口比重的处理效应，同样是以居住在常住人口2500人以上城市中的人口比重衡量的。这里的想法是城市人口比重是非农业人口比重的代理变量，因此，如果19世纪50年代开通铁路机会较小的县在农业上具有比较优势，赫克歇尔－俄林框架是正确的且城市人口比重确实是一个可靠的代理变量，则我们应该观察到负向的处理效应。但是我们没有观察到这种影响，相反，这种影响是正向且显著的[4]。如果将1850年就已经开通了铁路的县纳入对照组，则我们仍能进行可观且可靠的估计，且处理效应会更小。

表 5.2　铁路开通对城市人口比重、每英亩农业产出和改良的土地面积占总土地面积比重的处理效应

面板 A：城市人口 / 总人口

样本	观测值数量	是否包括州虚拟变量	是否包括 1850 年协变量	是否包括因变量滞后项	系数
1850 年铁路开通 =0	506	否	否	否	0.018*(0.005)
1850 年铁路开通 =0	506	是	否	否	0.020*(0.005)
1850 年铁路开通 =0	506	否	是	是	0.018*(0.005)
1850 年铁路开通 =0	506	是	是	是	0.019*(0.006)
全部	655	否	否	否	0.009(0.005)
全部	655	是	否	否	0.011(0.006)
全部	655	否	是	是	0.010*(0.005)
全部	655	是	是	是	0.011*(0.005)

注：“全部”的意思是样本为所有的县。城市人口比重 = 居住在常住人口 2500 人以上城市中的人口 / 总人口。各县在估计中具有同等的权重。* 表示在 5% 的水平下显著。

面板 B：log（农业产值）

样本	观测值数量	是否包括州虚拟变量	是否包括 1850 年协变量	是否包括因变量滞后项	系数
1850 年铁路开通 =0	506	否	否	否	−0.036(0.040)
1850 年铁路开通 =0	506	是	否	否	−0.024(0.040)
1850 年铁路开通 =0	506	否	是	否	−0.027(0.040)
1850 年铁路开通 =0	506	是	是	否	−0.020(0.041)
1850 年铁路开通 =0	506	是	是	是	−0.019(0.040)
全部	655	否	否	否	−0.033(0.035)
全部	655	是	否	否	−0.035(0.035)
全部	655	否	是	否	−0.025(0.035)
全部	655	是	是	否	−0.031(0.034)
全部	655	是	是	是	−0.033(0.033)

注：见面板 A。农业产值 = 定义一中的农业产出 / 改良的土地面积。定义一中的农业产出包括农作物、果园和市场上园艺产品的价值。

			面板 C：log（农业产值）		
样本	观测值数量	是否包括州虚拟变量	是否包括 1850 年协变量	是否包括因变量滞后项	系数
1850 年铁路开通 =0	506	否	否	否	−0.034(0.032)
1850 年铁路开通 =0	506	是	否	否	−0.019(0.032)
1850 年铁路开通 =0	506	否	是	否	−0.026(0.033)
1850 年铁路开通 =0	506	是	是	否	−0.018(0.032)
1850 年铁路开通 =0	506	是	是	是	−0.020(0.030)
全部	655	否	否	否	−0.033(0.029)
全部	655	是	否	否	−0.032(0.029)
全部	655	否	是	否	−0.027(0.029)
全部	655	是	是	否	−0.030(0.029)
全部	655	是	是	是	−0.036(0.026)

注：见面板 A。农业产值 = 定义二中的农业产出 / 改良的土地面积。定义二中的农业产出包括定义一中的农业产出加上屠宰牲畜价值和家庭制造业价值。

			面板 D：log（改良的土地面积 / 总土地面积）		
样本	观测值数量	是否包括州虚拟变量	是否包括 1850 年协变量	是否包括因变量滞后项	系数
1850 年铁路开通 =0	506	否	否	否	−0.212*(0.069)
1850 年铁路开通 =0	506	是	否	否	−0.149*(0.045)
1850 年铁路开通 =0	506	否	是	否	−0.042(0.049)
1850 年铁路开通 =0	506	是	是	否	−0.075*(0.039)
1850 年铁路开通 =0	506	是	是	是	−0.058(0.035)
全部	655	否	否	否	−0.097(0.060)
全部	655	是	否	否	−0.099*(0.039)
全部	655	否	是	否	−0.057(0.043)
全部	655	是	是	否	−0.084*(0.033)
全部	655	是	是	是	−0.072*(0.030)

注：* 表示在 5% 的水平下显著。

在表 5.2 的面板 B 和面板 C 中，我们报告了铁路开通对农业产值（或每英亩改良土地的农业产出）的处理效应。我们使用两个关于农业产出的定义，第一种包括农作物、果园和市场上园艺产品的价值；第二个在第一个的基础上增加了屠宰牲畜和家庭制造业的价值。同样，如果赫克歇尔－俄林框架是正确的，则我们应该观察到正向的处理效应，但相反，我们观察到的处理效应是负向的，即使不具备统计上的显著性。1850 年开通铁路的县，每单位改良土地的农业产出显然没有增长[5]。

在面板 D 中，我们检验了冯·杜能模型的一个含义：农业用地占比应当增加。准确地说，耕地应该增加。我们没有调查耕地，但是调查了改良的土地。我们没有发现支持存在正向处理效应的证据——事实上，所有的处理效应都是负向的，而且有几个还具有统计学意义。在解释面板 D 时，重要的是要记住，我们的设定保证了县级土地总面积不变。

在表 5.3 中，我们报告了要素价格的回归结果。我们报告了 1850 年最初没有开通铁路的县的子样本的估计结果。也就是说，对照组是没有开通铁路的县，而处理组和以前一样，由开通了铁路的县组成。使用包括在 1850 年开通了铁路的县在内的更广泛的对照组而得出的结果是相似的。如前所述，农业工人的工资是根据食宿的估算价值进行调整的。我们没有土地租金的数据，取而代之的是每英亩土地价值，计算和调整如下。

表 5.3　1850 年未开通铁路的县的生产要素价格的双重差分估计结果

因变量	是否包括 1850 年协变量	是否包括因变量滞后项	系数
log（含食宿价值的农业工资）	是	否	0.023(0.022)
log（含食宿价值的农业工资）	是	是	0.035(0.019)
log（调整后的每英亩土地价值）	是	否	0.036(0.047)
log（调整后的每英亩土地价值）	是	是	0.061(0.036)
log（含食宿价值的农业工资 / 调整后的每英亩土地价值）	是	否	−0.013(0.050)
log（含食宿价值的农业工资 / 调整后的每英亩土地价值）	是	是	−0.027(0.038)

普查报告了农场的总价值以及农场中改良的和未改良的土地面积。我们根据总价值与总面积计算了每英亩土地的平均价值。接下来，我们估计了1850年和1860年每英亩土地价值的自然对数与改良土地面积的比例和州虚拟变量的横截面回归。该回归的残差就是我们所说的每英亩土地的"调整"价值。如果残差为正值，则说明土地的售价高于根据改良土地面积比例和该县所在州所预测的价格。

我们发现铁路开通对含食宿价值的农业工资和调整后的每英亩土地价值有较小的正向影响，但只有当因变量的滞后值被包括在内时，这些估计才具有统计显著性。将滞后项包括在内时，铁路开通对地价的影响约为6%，虽然为正，但小于克雷格等（1998）估计的影响。铁路开通对工资的处理效应小于对土地价格的效应，这与赫克歇尔－俄林模型所要求的工资－租金比的下降是一致的，但这种影响较小且该估计结果并不可靠。

在表5.4中，我们分别报告了北部和南部各州的分组回归结果。按区域分别估计回归的逻辑是各地区的农作物结构具有显著的差异，而且南方使用的劳动力是奴隶。绝大多数奴隶生活在农村地区，其中大多数从事农业。因此，确定铁路开通是否改变了奴隶在当地人口中的比例具有重要的研究意义。我们确实发现，铁路开通增加了奴隶的比例；此外，铁路开通对南方土地价值的影响比北方更大，这与Fogel和Engerman（1980）的观点一致，他们认为南方土地的租金在土地总价值中所占的比例更高。我们还发现，在美国北方，铁路开通对改良的土地面积在总土地面积中所占的比例有正向的影响，但这种影响在统计上并不显著。美国北方铁路开通对城市化的影响也更大，但在这两个地区，我们没有发现铁路开通对农业产值具有积极影响的证据。

表 5.4　南北差异：1850 年未开通铁路的情况下在 1860 年开通铁路的处理效应（双重差分估计）

因变量	样本量（北方）	系数（北方）	样本量（南方）	系数（南方）
城市人口比重	150	0.049*(0.011)	371	0.005(0.006)
10 岁以上奴隶人口 /10 岁以上总人口	Na	Na	371	0.008*(0.004)
log（改良的英亩数 / 平方英里）	139	0.046(0.062)	368	−0.077*(0.034)
log（按定义一计算的农业产值 / 改良的英亩数）	140	−0.023(0.038)	368	−0.008(0.029)
log（按定义二计算的农业产值 / 改良的英亩数）	140	−0.033(0.038)	368	−0.007(0.052)
log（包含食宿价值的农业工资 / 调整后的每英亩土地价值）	125	0.006(0.052)	286	−0.044(0.050)
log（包含食宿价值的农业工资）	286	−0.013(0.020)	286	0.061*(0.026)
log（调整后的每英亩土地价值）	140	−0.008(0.052)	368	0.109*(0.045)

注：* 表示在 5% 的水平下显著。

伊利诺伊州和印第安纳州的案例研究：微观调查统计数据

我们利用已出版的普查卷中的县级数据研究了铁路开通的影响。在本节中，我们将使用 1850 年和 1860 年综合公共用途微观数据（IPUMS）中个体层面的数据以探讨铁路开通对伊利诺伊州和印第安纳州的影响。我们之所以把重点放在这两个州，是因为这两个州在 19 世纪 50 年代都经历了铁路里程的大幅增长。我们之前的分析中包括了印第安纳州，但伊利诺伊州未被包括在内，这是因为我们缺少伊利诺伊州 1850 年的工资数据。在本节中，我们对这两个州的数据分别进行了分析。

使用 IPUMS 研究铁路开通的处理效应有两个优点。首先，IPUMS 包含了普查卷中（县级）所没有的关于职业和就业部门的额外信息；其次，由于 IPUMS 的数据是个体层面的，因此可以控制可能影响结果但无法用已公布的数据加以控制的特征变量（如年龄）。

数据由未接受教育的 20~64 岁男性的重复截面数据（1850 年和 1860 年）组成。虽然我们收集了年龄在 15 岁及以上的人的就业参与情况资料，但普查只记录 20 岁以上的人的受教育程度，这是回归分析中使用的协变量之一。印第安纳州的结果见表 5.5，伊利诺伊州的结果见表 5.6。

表 5.5　印第安纳州 IPUMS 数据初步估计结果

面板 A：样本统计：19 世纪 50 年代铁路和水路开通情况

	铁路开通 =1	水路开通 =1
1850 年和 1860 年均未开通	27	33
1850 年未开通，1860 年开通	28	5
1850 年和 1860 年均开通	25	42
合计	80	80

注：1850 年和 1860 年 IPUMS 数据匹配克雷格等（1998）的数据。样本包括 15~64 岁的成年男性，他们在统计年度没有接受过教育。边界变化的县（根据 ICPSR 编码）或每年观测值少于 10 个的数据不包括在内。

面板 B：样本统计：回归样本的结果变量（20~64 岁）

	观测值	农场住宅（%）	农业职业（%）	农业行业（%）	服务行业（%）	铁路开通 =1（%）	水路开通 =1（%）
1850 年	1983	66.7	61.8	61.7	13.5	38.2	44.7
1860 年	2808	61.4	59.2	58.7	15.3	74.6	49.6

注：如果在 IPUMS 数据库中，则农场住宅 =1；如果三位数职业代码 =100、123、810、820 或 970（劳动者，n.e.c.），且农场住宅 =1，则农业职业 =1；如果三位数行业代码 =105，则农业行业 =1；如果行业代码 =500，…，946，则服务行业 =1。

面板 C：铁路开通的处理效应：19 世纪 50 年代的印第安纳州（不包括开通水路的县）

	观测值	农场住宅 =1	农业职业 =1	农业行业 =1	服务行业 =1
基准回归	4550	−0.052 (0.042)	−0.053 (0.034)	−0.061 (0.032)	0.040 (0.026)
协变量回归	4550	−0.050 (0.040)	−0.050 (0.032)	−0.059 (0.033)	0.038 (0.025)

注：样本包括 20~64 岁未接受过教育的成年男性。19 世纪 50 年代开通水路的 5 个县被排除在外。基准回归：处理效应加年份（=1860）虚拟变量。协变量：基准回归加上年龄的四阶多项式、是否接受教育虚拟变量、是否在外国出生虚拟变量、城市位置虚拟变量。标准误（括号内）聚类到县上。

面板 D：铁路和水路开通的处理效应：印第安纳州 19 世纪 50 年代所有县的样本					
	观测值	农场住宅 =1	农业职业 =1	农业行业 =1	服务行业 =1
基准回归，铁路开通 =1	4791	−0.050 (0.040)	−0.060 (0.033)	−0.068* (0.034)	0.042 (0.025)
协变量回归，铁路开通 =1	4791	−0.049 (0.033)	−0.058 (0.033)	−0.067* (0.024)	0.041 (0.038)

注：见面板 A。包括 5 个有水路开通的县。* 表示在 5% 的水平下显著。

表 5.5 面板 A 显示了水路和铁路开通的统计数据。正如我们在前面讨论表 5.1 时所指出的那样，印第安纳州在 19 世纪 50 年代经历了铁路里程的大幅增长。伊利诺伊州也是如此，1850 年，伊利诺伊州被纳入分析的 77 个县中，只有 11 个县开通了铁路，但到了 1860 年，有 53 个县开通了铁路。

我们使用 4 个因变量来探讨铁路开通的影响，其中 3 个与农业有关，另一个与服务业有关。我们使用农场住宅、农业职业和农业行业信息来表示农业参与度，使用服务行业信息来表示服务业参与度。面板 B 按州分组显示了样本统计量。在这两种情况下，从事农业的人口比例在 19 世纪 50 年代有所下降，而从事服务业的人口比例则有所上升。

面板 C 显示在剔除了开通水路的县的情况下开通铁路的处理效应。基准回归是指没有协变量的设定，协变量回归包括年龄的四阶多项式，以及是否接受教育、是否在外国出生和城市位置的虚拟变量，标准误聚类到县上，大多数系数不具有统计上的显著性，但各县的总体模式是一致的，开通铁路降低了参与农业生产的可能性，并增加了在服务行业工作的可能性。增加已经开通水路的县的样本（面板 D）并没有对估计结果产生实质性影响。

总而言之，我们没有发现任何证据能够表明，在开通了铁路的县，人们从事农业的可能性更大。相反，我们的研究结果表明，铁路开通增加了个人从事服务业的可能性。因为在某种程度上，服务业在战前主要集中在城市地区，因此对 IPUMS 数据的分析与我们使用已出版的普查数据的发现是一致的，即铁路开通促进了城市化。

进一步讨论

我们使用县级和个人层面的数据研究了 19 世纪 50 年代铁路开通的经济影响。先前的研究发现，铁路开通提高了土地价值，并基于前文的赫克歇尔 – 俄林和冯·杜能框架将这种相关性解释为铁路开通促使农业土地所有者受益的证据。与之前的研究相比，我们进一步使用了双重差分方法，对处理组（在 19 世纪 50 年代开通了铁路的县）和对照组（较早就开通了铁路或在内战之前没有开通铁路的县）进行了比较。

表 5.6　伊利诺伊州 IPUMS 数据初步结果

面板 A：样本统计：19 世纪 50 年代铁路和水路开通情况		
	铁路开通 =1	水路开通 =1
1850 年和 1860 年均未开通	24	39
1850 年未开通，1860 年开通	42	4
1850 年和 1860 年均开通	11	34
合计	77	77

注：1850 年和 1860 年 IPUMS 数据匹配克雷格等（1998）的数据。样本包括 15~64 岁的成年男性，他们在统计年度没有接受过教育。边界变化的县（根据 ICPSR 编码）或每年观测值少于 10 个的数据不包括在内。

面板 B：样本统计：回归样本的结果变量（20~64 岁）						
	观测值	农场住宅（%）	农业职业（%）	农业行业（%）	服务行业（%）	铁路开通 =1（%）	水路开通 =1（%）
1850 年	1817	67.1	61.0	61.2	13.4	23.8	52.8
1860 年	3616	58.5	55.0	55.3	18.5	78.4	58.0

注：如果在 IPUMS 数据库中，则农场住宅 =1；如果三位数职业代码 =100、123、810、820 或 970（劳动者，n.e.c.），且农场住宅 =1，则农业职业 =1；如果三位数行业代码 =105，则农业行业 =1；如果行业代码 =500，…，946，则服务行业 =1。

面板 C：铁路开通的处理效应：19 世纪 50 年代的伊利诺伊州（不包括开通水路的县）					
	观测值	农场住宅 =1	农业职业 =1	农业行业 =1	服务行业 =1
基准回归	5141	−0.033 (0.034)	−0.024 (0.038)	−0.025 (0.037)	0.008 (0.025)
协变量回归	5141	−0.016 (0.037)	−0.004 (0.038)	−0.005 (0.037)	0.017 (0.026)

注：样本包括 20~64 岁未接受过教育的成年男性。19 世纪 50 年代开通了水路的 5 个县被排除在外。基准回归：处理效应加上年份（=1860）虚拟变量。协变量回归：基准回归加上年龄的四阶多项式、是否接受教育虚拟变量、是否在外国出生虚拟变量、城市位置虚拟变量。标准误（括号内）聚类到县上。

面板 D：铁路和水路开通的处理效应：伊利诺伊州 19 世纪 50 年代所有县的样本					
	观测值	农场住宅 =1	农业职业 =1	农业行业 =1	服务行业 =1
基准回归，铁路开通 =1	5433	−0.042 (0.033)	−0.031 (0.035)	−0.031 (0.055)	0.013 (0.056)
协变量回归，铁路开通 =1	5433	−0.025 (0.035)	−0.012 (0.036)	−0.012 (0.035)	0.020 (0.025)

注：见面板 A。包括 5 个有水路开通的县。

　　估计结果表明大多数处理效应都相对较小，而且从整体上看，它们的符号并不符合任意一种框架。例如，平均而言，我们发现铁路开通似乎增加了城市人口比重和人们参与服务业的可能性，降低了农业产值以及减少了改良的土地面积在总土地面积中的比例，这与我们所期望的模式即铁路开通对农业的影响符合两种框架中的任意一种相反。当然，我们的一些结果与这两种框架都是一致的，特别是，我们发现铁路开通对土地价值具有正面影响，对农业工资与土地价值的比率具有负面影响。但即使与预期一致，这种影响通常也非常小，而且往往在统计上不显著。

　　当我们将样本分为北方各州和南方各州时，对南方各州的预期影响与理论预测更一致。我们发现在南方各州，铁路开通与奴隶在人口中所占比例的增加有关，并对农业工资和土地价值产生了显著的正向影响。已知奴隶制对农业的生产效率存在正向的影响（Fogel and Engerman，1980），这些结果表明，铁路开通至少在南方确实有利于农业。然而，即使在南方，结果似乎也不完全符合赫克歇尔－俄林框架或冯·杜能框架，因为铁路开通对改良的土地面积占总土地面积比例的处理效应是负向的，而预测的影响是正向的。

如果铁路开通与土地价值之间的横截面正相关关系是稳健的（这似乎是事实），为什么我们的双重差分研究结果如此喜忧参半？一种可能是前面概述的框架过于简单。特别是，我们在介绍赫克歇尔－俄林框架时没有考虑专门从事贸易服务的第二个非农业部门。贸易涉及交易成本，当然，我们在这里考虑的贸易类型，即通过铁路从中西部各县出口农产品需要一个实际的物理位置，即需要一个"中心地点"以便进行贸易，例如一个城镇。我们可以扩大赫克歇尔－俄林框架，将专门从事贸易服务的部门纳入其中。在这样的框架下，我们可能会期望非农业劳动力向服务业转移，这可能会带来城市人口比重的上升，尤其是在一开始完全是农村地区的县将更加显著。在这样一个扩大的框架下，我们仍然希望看到如产量增加之类的影响（或者如冯·杜能模型中耕地面积的增加），然而我们没有看到。

第二种解释是，这种使用 19 世纪 50 年代铁路开通数据的处理方法可能并不十分有效[6]。如表 5.1 所示，19 世纪 50 年代，已经有很大一部分人口居住在已经开通了铁路或水路的县。我们无法衡量的在更早时期开通铁路或水路的影响可能远比我们想象的大。

还有一种可能性是，铁路开通与土地价值的横截面关系主要反映了遗漏变量偏差。事实证明，尽管铁路开通与土地价值之间具有稳健的正相关关系，但相关性的大小很容易受到包含协变量与否的影响（Craig et al., 1998），事实要求我们必须认真对待这种可能性。在这方面，我们再次强调，我们无法控制预先存在的趋势。例如，如果 19 世纪 50 年代开通了铁路的县在 19 世纪 40 年代处于城市化水平上升或者农业衰退的阶段，这也许可以解释我们观察到的水路或铁路开通对城市化的处理效应是正向的及其对农业产出的混合效应[7]。

如果原因是忽略了变量偏差，那么解决方案将是使用一个或多个工具变量（IVs）来进行预测。地形变量是可能的候选工具变量[8]，我们的想法是，当地的地形影响了修建铁路的成本，例如，山区地形可能会提高成本，从而降低了铁路开通的可能性，而平坦的地形使建设更容易，维护成本更低。在当前的数据集中，我们有一个可用的地形变量，即水路是否开通。

为了探索工具变量法，我们重新估计了某些将水路开通作为铁路开通的工具变量（而不是协变量）的做法。如表 5.1 的面板 C 所示，19 世纪 50 年代，水路开通确实对铁路开通的可能性产生了显著的负面影响，也就是说，"第一阶段"的回归分析看起来是合理的。当把水路开通作为工具变量时，一些结果似乎更合理。例如，我们发现铁路开通对城市人口比重的处理效应是负向的。但这些更合适的结果中没有一个具有统计学意义上的显著性。在某些情况下，工具变量估计的系数的正负号仍然与理论框架预测的相反，甚至幅度更大。我们的结论是，由于工具变量法很有希望能够解决问题，因此有必要找到 1850 年除水路开通外的其他工具变量。

结 论

本章使用了 1850 年和 1860 年的县级样本来探索铁路开通的经济影响。以往的研究表明，在某个时间点，铁路开通增加了农业用地的价值。本章以这种相关性为出发点，研究了此类经济框架中的某些辅助预测结果。我们发现，从整体上看，这些辅助预测通常没有得到证实，例如，我们没有发现任何证据表明铁路开通后农业产值会增加。在这方面，我们的结果在南方各州比在北方各州更符合理论预期，但即使是在南方，一些结果（铁路开通对改良的土地面积占总土地面积的比例的影响是负向的）也与理论预测相反。需要进一步研究来确定这些发现是否稳健，以及它们是否由各种数据问题和偏误造成。

注 释

* 感谢斯坦利·恩格曼、埃里克·希尔特、乔舒亚·罗森布卢姆、托马斯·韦斯以及会议参与者和一位匿名评审人的评论。

1. 有关早期铁路的简史，参见 Taylor（1951）。

2. 两个声称在 1850 年开通了铁路，然后在 1860 年失去铁路的县被排除在外。在该样本中，7 个县声称在 19 世纪 50 年代开通了水路。在本章的回归中，我们没有为这 7 个县添加铁路开通虚拟变量，即使我们为它们添加虚拟变量，或者将它们排除在样本之外，我们的实质性结果也不会改变。

3. 即使将我们的数据与 1840 年的普查数据进行合并，我们对已有趋势的控制也是极其有限的，因为 1840 年的人口普查没有收集有关工资、土地价值或农业用地面积的信息。

4. 另一种解释是，回归中显示 19 世纪 50 年代开通铁路的概率与 1850 年城市人口比重正相关是由于铁路开通扩大了对贸易的需求。换句话说，一定规模的城镇促进了贸易。在未来的工作中，我们可能会利用克雷格和韦斯（1996）对县级农村农业劳动力的估计来完善这一分析。这些数据可以与使用克雷格和韦斯的程序对各县城市农业劳动力和总劳动力所进行的估计结合起来。然而应该注意的是，克雷格和韦斯在得出他们的估计时，假设农业参与率因年龄、性别、城乡结构和法律地位（奴隶）的不同在各州之间随着时间的推移而变化，但在各州内部没有变化。比如说，如果人口结构、城乡结构或自由劳动力与奴隶的比例结构发生变化，一个县的农业人口数量就会发生变化，但其他方面不会发生变化。这里关于城市人口比重（或者奴隶人口比重）是否具有足够的异质性来捕捉铁路开通的任何处理效应还有待观察。

5. 目前，对农业产出的定义有些不一致。具体来说，农作物产出是按 1860 年的价格来计算的，但是果园、花园和家庭制造业的产出是按当前的价格来计算的（普查没有报告这些类别的产出），我们还需要根据价格的变化来调整。因为我们的回归分析包括了州虚拟变量，所以任何（特定于州的）价格趋势都是被控制的。我们还探讨了铁路开通对特定作物的影响（例如，棉花在农业总产出中所占的份额），但没有发现一致的模式。

6. 另一种可能是，铁路开通和我们的结果变量的测量都存在相当大的误差，在这种情况下，使用双重差分方法会加剧测量误差产生的偏误。

7. 预期处理或延迟处理的反应也可能解释我们的发现。例如，如果 19 世纪 50 年代开通了铁路的县在之前的 10 年就预计到了这一点，那么我们想要观察的变化可能在 19 世纪 40 年代就已经发生了。因此，19 世纪 50 年代，控制组的县预计铁路最终会延伸到其中的一些县，这些县在处理之前经历了变化（扩大农业产量，或投资于开垦土地）。这个论点也可以反过来，即开通铁路是对未来发展的预期，在这种情况下，到 19 世纪 50 年代已经有铁路的控制组县将在 19 世纪 50 年代做出反应，从而破坏了研究设计。这是"建设先于需求"论点的一种变体，详见 Fishlow（1965）。

8. 另外两个候选工具变量是 1824~1838 年进行的联邦土地调查，以及 Banerjee 等（2006）的"直线法"。美国政府根据 1824 年通过的一项法律进行了大量的土地调查，这项法律最终在 1838 年被废除（Taylor，1951）。这种调查的存在可能会降低修建铁路的成本，主要的假设是，在当时不可能准确地预测本章处理组中的县（在 1850 年开通了铁路）和控制组中的县（早已开通了铁路或直到 1860 年还没有开通铁路）的特定结果之间的差异。使用已有计划作为工具变量已经被推广到联邦高速公路系统的案例中，详见 Micheals（2005）。"直线法"认为，在铁路发展的初始阶段，铁路往往建在现有城市中心之间的直线上，问题中的工具变量是直线是否直接穿过该县的虚拟变量。

参考文献

Atack, J. and Passell, P. (1994), *A New Economic View of American History*. New York: W. W. Norton.

Banerjee, A., Duflo, E. and Qian, N. (2006) , "The Railroad to Success: The Effect of Infrastructure on Economic Growth", Department of Economics, Brown University (Power Point Presentation).

Craig, L. and Weiss, T. (1996), "The Nineteenth Century Farm Labor Force and Rural Population: County-Level Estimates and Implications", Unpublished Paper, Depart ment of Economics, North Carolina State University.

Craig, L., Palmquist, R. B. and Weiss, T. (1998), "Transportation Improvements and Land Values in the Antebellum United States: A Hedonic Approach", *Journal of Real Estate Finance and Economics* 16: 173–190.

Coffman, C. and Gregson, M.E. (1998), "Railroad Development and Land Values", *The Journal of Real Estate Finance and Economics* 16: 191–204.

Fishlow, A. (1965), *American Railroads and the Transformation of the Antebellum Economy*. Cambridge, MA: Harvard University Press.

Fogel, R. (1964), *Railroads and American Economic Growth: Essays in Econometric History*. Baltimore, MD: Johns Hopkins University Press.

Fogel, R. and Engerman, S. (1980), "Explaining the Relative Efficiency of Slave Agriculture: A Reply", *American Economic Review* 70: 672–690.

Goodrich, C., ed. (1961), *Canals and American Economic Development*. New York: Columbia University Press.

Haines, M. R. and ICPSR (2006), *Historical, Demographic, Economic, and Social Data: The United States, 1790–2000*. Ann Arbor, MI: Inter-University Consortium for Political and Social Research.

Haites, E., Mak, J. and Walton, G. (1975), *Western River Transportation: The Era of Internal Development, 1810–1860*. Baltimore, MD: Johns Hopkins University Press.

Kahn, C. M. (1988), "The Use of Complicated Models as Explanations: A Re-Examination of Williamson's Late 19th Century America", *Research in Economic History* 11: 185–216.

Margo, R. A. (2000), *Wages and Labor Markets in the United States, 1820–1860*. Chicago, IL: University of Chicago Press.

Michaels, G. (2005), "The Effect of Trade on the Demand for Skill: Evidence for the Interstate Highway System", Mimeo, Department of Economics, Massachusetts Institute of Technology.

North, D. C. (1961), *The Economic Growth of the United States, 1790–1860*. Englewood Cliffs, NJ: Prentice Hall.

Ransom, R. (1967), "Interregional Canals and Economic Specialization in the Antebellum United States", *Explorations in Entrepreneurial History* 5: 12–35.

Ransom, R. (1970), "Social Returns from Public Transport Investment: A Case Study of the Ohio Canal", *Journal of Political Economy* 78: 1041–1064.

Stover, J. F. (1978), *Iron Roads to the West: American Railroads in the 1850s*. New York: Columbia University Press.

Taylor, G. R. (1951), *The Transportation Revolution, 1815–1860*. New York: Holt, Rhinehart, and Winston.

Williamson, J. G. (1974), *Late Nineteenth Century American Development: A General Equilibrium History*. New York: Cambridge University Press.

6 冷藏破坏了生猪－玉米周期吗?

李·A.克雷格

马修·T.霍尔特

Lee A. Craig

Matthew T. Holt[*]

问题提出

在现代专业术语中,"生猪 - 玉米周期"是指随着时间的推移,玉米价格与生猪的价格波动相关或者与滞后项相关。虽然标题中我们只提出了一个问题,但在正文中我们实际上回答了三个问题。这些问题是:生猪 - 玉米周期是如何扩散的?最终是如何改进的?这种改进带来了什么样的社会节约?在回答这些问题时,我们简要介绍了有关生猪和玉米之间经济关系的历史,并解释了这种关系是如何在生猪 - 玉米周期中表现出来的。

在生猪 - 玉米周期的扩散方面,我们说明了在理性预期、规避风险与追求利润最大化的前提下,农民的行为如何影响生猪 - 玉米价格比率的波动。通常情况下,这些波动是由供给侧的冲击产生,尤其是在玉米市场,其典型原因是异常的丰收或歉收。农民会相应地调整生猪的养殖数量,而在其他条件不变的情况下,农作物的后续表现决定了该周期的后续发展方向。尽管对冲玉米价格风险的工具可以追溯到 19 世纪中叶[1],但我们认为,在二战之前,玉米种植户套期保值预期的最佳比例大大低于 100。此外,由于交易成本的限制以及对相关市场信息的收集和传播的有限性(如作物生长条件等),许多农民根本没有对他们的作物进行对冲。因此,从边际视角看,生猪 - 玉米价格比率受到了现货市场供求变化的影响。

尽管生猪 - 玉米周期一直持续到今天,但随着时间的推移,这种周期的性质已经发生了变化(Holt and Craig,2006),特别是季节性因素在此周期中的作用已经大大削弱。我们发现这种变化始于 19 世纪末,主要是由大规模制冷机械的出现和应用引起的。尽管人类在几千年前就已经掌握了制冷的物理技术,有关制冷机械的专利也可以追溯到 19 世纪早期,但是直到 20 世纪的最后 10 年,冰箱的成本才降到一个可以广泛用于肉类贸易的水平。在冰箱出现之前,一旦天气变凉,生猪通常会被宰杀,并被腌制。冰箱最初主要用于冷藏，而随着冰箱的使用以及随后大约 10 年的时间里自然制冷（冰）在肉类运输中的广泛使用，农民们可以更均匀地安排他们的猪肉产量。

关于采用机械制冷技术所节省的社会成本，我们认为，农民不仅可以在不同季节平滑产量，还可以提高牲畜生产的总体规模。他们可以在秋季持续大量屠宰，同时在其他时间维持屠宰库存。由于母猪一年可以很轻松地生产两次，因此通过解决季节限制下的肉类变质威胁能够创造更多社会节约。我们对这一节约进行了估计，发现从任何合理的标准来看，这一节约都足够大。

下一节将描述玉米和生猪密切关系的历史。第 3 节将阐述在机械制冷技术广泛应用前生猪 – 玉米周期的扩散过程以及制冷技术所带来的改进。第 4 节是我们对社会节约的估计，最后一节是结论。

生猪与玉米：简史

玉米（maize）是哥伦布进行贸易的重要产品，玉米作为一种人工长期种植的大型野生草蜀黍，5000 多年前就首次被种植在西马德雷山脉的河谷中，该河谷位于现在墨西哥的米乔肯及其附近地区 [2]。在 16 世纪早期的西班牙殖民者时代，玉米已经成为当时墨西哥中南部地区的阿兹特克人饮食中必不可少的一部分。玉米种植技术从墨西哥中部传播到西半球的大部分地区，并最终成为整个中美洲的主要粮食作物。不仅如此，在哥伦布发现美洲大陆之前，玉米在墨西哥文化和经济上的重要性还反映在当地人的语言中。例如，在纳瓦特语（Nahuatl），即阿兹特克人的母语和一些邻近的文化中，玉米的词根 teo 也是"上帝"的词根，玉米面团的单词 toneuhcayotl 的字面意思是"我们的肉体"（Salvador，1997）。

在欧洲人到来之前，玉米在很大程度上被当作制作面粉的主要原料。在哥伦布到来之前，除了美洲驼外，西半球没有大型的四足哺乳类驯养动物，因此人们还没有认识到玉米作为牲畜饲料的价值。随着猪和牛的引进，这种情况发生了改变。特别是，西班牙人和欧洲人普遍地认为玉米是次等食品（Collins，1993）。这种观点部分是由于玉米的生物学特性造成的，尽管玉米淀粉中碳水化合物含量很高，但玉米较为粗糙，而且谷蛋白含量很低。谷蛋白是面筋中的关键蛋白质，它提供了弹性，使小麦面包在加热时"膨胀"，因为酵母发酵产生的气体会释放出来。因此，玉米面粉不会像小麦粉那样蓬松，也无法用玉米面粉制作出像小麦面包那样蓬松的面包，对于习惯小麦粉面包的欧洲人来说，玉米不那么可口。虽然托马斯·哈里奥特在关于弗吉尼亚的第一个英国种植园的叙述（约1588年）中声称"玉米可以做一种很好的面包"，但他也指出，食用玉米最常见的方法是对玉米粒进行去壳处理，"把它们整粒煮开，直到它们变成粗粒，或者加水把面粉揉成一团"（引自Rasmussen，1960）。即使以这种方式消耗，相对于小麦，玉米依然是一种较为劣质的食物，因为在16世纪玉米的化学性质也没有得到很好的理解。事实证明玉米的烟酸含量较低，因此饮食中含有大量玉米的人群，比如中美洲印第安人，容易得糙皮病，这往往会导致体力与劳动生产率的降低（Brinkley，1994）。

尽管在17世纪和18世纪被英国殖民的北美印第安人的饮食比阿兹特克人和他们的墨西哥邻居相比更为多样化，但他们也无法发挥玉米作为动物饲料的潜力。虽然玉米作为人类日常饮食的主食有许多不足之处，但事实证明玉米是向牲畜输送碳水化合物的理想饲料，而猪被证明在将碳水化合物转化为肉类产品方面尤其有效。

尽管能够产生这样的效果，猪最初之所以能够成为美国农业经济的一个重要组成部分是因为它们有觅食的能力，在觅食的同时还能自谋生路。从欧洲人进入美国东海岸沿海平原，他们就将猪赶到宅基地附近觅食。这些半野生的猪有很多名字，其中草原鲨鱼（prairie shark）、陆地梭子鱼（land pike）和剃刀鲸（razorback）是最常见的名字（Bonner，1964；Danhof，1969；Gates，1960）。根据一位历史学家的说法，这些主要以草根、树根甚至偶尔以蛇为食的野猪"变得非常凶猛，很难抓住，为了吃猪肉，主人不得不用步枪将其猎杀，这成为很平常的事"（Buley，1950）。对于家养程度稍高的猪来说，在屠宰前对它们进行"圈养"以增肥是很常见的事，在这个过程中，玉米与生猪之间的联系变得明显起来。在没有冷藏设备的情况下，猪通常是在秋季天气变凉的时候被宰杀[3]。首先，熬炼出猪油，猪腿和里脊肉通常会用盐腌或用烟熏制，而上等猪肉则以肉末的形式保存，香肠则是由较差的部分制成（Craig，1993）。正如劳拉·英格尔的母亲所说的那样，自给自足的农家吃的是除了猪头以外的所有东西（Wilder，1971）。

猪对许多美国人来说仍是一个重要的食物来源，尤其是对那些农业地区边界不断变化的地方的人，到 19 世纪晚期，城市化（实际上是城镇建设）和交通设施的发展实现了充分结合，农民便开始生产猪肉向市场售卖，而不仅仅是满足自己及家庭成员的消费。通达的水路运输通常被认为是较远距离旅行的低成本交通方式，因而城镇通常出现在自然港口或河流的交汇处，此时能够自给自足的农业地区开始产生市场盈余（Atack and Bateman，1987）。除了具有非常高的价值重量比或价值体积比的外来作物或珍贵作物（如咖啡、糖和烟草）的产区外，这些农业区往往位于城镇周围。在这条"农业带"之外，运输成本（至少是陆路运输成本）一般超过了所要运输的货物的市场价值。从经济学原理来看，对于这一地带以外生产的商品，供给函数普遍高于需求函数，自给自足的农业是常态。随着城市的进一步发展与工业化的进一步推进以及公路、运河、铁路的出现和国际航运的改善，边远腹地的农民也能够以相对较低的成本进入城市消费者的市场以及世界市场（O'Rourke，1997；O'Rourke and Williamson，2002）。重要的是，他们开始越来越多地专门从事少数产品的生产，并扩大了这些产品的生产规模[4]。这些农产品的加工厂往往位于城市地区，因此可以利用规模经济和距离优势，凭借自己的实力成为相对较大的企业。"事实证明，生猪和玉米之间的联系是这条链条上的一个关键环节。"（Holt and Craig，2006）

正如城市化和交通运输的改善影响工业化，并反过来受到工业化的影响一样，市场的这种转变改变了农业经济，而反过来，农业经济也影响了市场。我们这里主要关注的是市场的供给侧，即玉米和生猪在生产过程中的关系。由于玉米是生猪养殖的关键投入，我们对这一主题进行广泛研究来解释生猪－玉米的周期性现象。然而，市场需求与生猪的生产和运输并不是没有关系的。从其他国家的情况来看，美国对猪肉的巨大消费量或许最能反映这两者之间的相互作用。欧洲游客经常对美国消费的大量猪肉发表评论，一位19世纪的旅行家这样评论道，"国民口味是靠猪肉来维持的"，另一位旅行者写道，猪肉是"到处都能吃到的最好的东西"。当美国人不直接吃猪肉的时候，他们也会用猪油制作其他任何食物，包括鱼汤，这多少有点奇怪（Gates，1960）。

撇开口味不谈，这种对猪肉的喜爱至少在一定程度上与农产品到达市场的距离有关。在铁路延伸到平原之前，猪肉比牛肉具有更重要的影响，并成为美国饮食标准的组成部分。在一个没有机械制冷设备且自然冷藏设备也很少的时代，唯一能够安全进入市场的肉类必须要么能够"活着"运进市场并在附近屠宰，要么能够在运输过程中用盐腌或烟熏，而用盐腌制是这两种方式中较为普遍的一种。虽然生猪是可以被驱赶的，但它们的生理特征和性情使得这种方法并不合适，至少在长距离的情况下是如此[5]。此外，标准的保存技术，即烟熏和盐腌"对猪肉比牛肉更有效"（Cronon，1991）。因此，猪肉在19世纪美国人的消费组合中占有重要的地位。此外，在南北战争战后的时期，猪肉的价格大约是牛肉的一半（Cronon，1991；Shannon，1945）。

当然，价格是由买卖双方的相互作用决定的，而市场的供给侧最终被证明对生猪－玉米周期的扩散至关重要。想要了解生猪生产的经济学原理，并理解为什么在 19 世纪美国东部和中西部的农场中生猪扮演的角色相对比牛更重要，则需要考虑一下当时农民面临的简单法则。首先，猪身上可食用的肉和脂肪占总体重的比例比牛高。尽管对这一比例的估计在经济史文献中颇具争议（Cuff，1992；Haines et al.，2003；Gallman，1996），但仍有一些粗略的参数证明了这一点。一头被送往屠宰场的牛的体重可能是一头同样被送往屠宰场的猪的 4~5 倍（1000~1500 磅相对于 200~300 磅），但一头牛的净重是其毛重的 40%~50%，而一头猪的净重则超过了其毛重的 80%（Cuff，1992）。在保持其他因素不变的情况下，可能平均需要两三只猪才能产生和一头牛等量的肉，牛肉确实具有优势。然而，就生产效率即每单位投入的产出而言，生猪能以 2~3 倍于牛羊等其他牲畜的生产效率将粮食转化为肉类。在此方面，猪肉确实具有优势。若以 2.5 倍作为中间值，则牛和生猪在农业生产中的经济效益似乎差不多。事实上，考虑到牛的生理特点和性情，把牛赶到市场上要比赶猪容易得多，因此牛似乎是首选的牲畜，就像它们在西部广阔的草原上一样[6]。人们有充分的理由表示很难想象约翰·韦恩会驱赶着一群猪穿越得克萨斯。但在更远的东部地区中更靠近城市市场的地方，生猪占据主导地位是因为另外 3 个因素，所有这些因素都有利于人们选择猪肉。

第 1 个因素就是前面提到的猪的觅食能力。事实上，养牛场的主人在牛群中饲养猪并不罕见，因为"4 头牛浪费的玉米足够喂养 1 头猪"（Shannon，1945）。第 2 个因素是猪和牛将饲料转化为肉类的速度不一样。即使是 19 世纪生长速度较慢的半野生（semi-feral）品种的猪，通常也可以在 9~18 个月后上市。随着伯克希尔、杜洛克和切斯特·怀特等更新和更纯的品种在 20 世纪晚些时候被大规模引入市场，上市时间缩短到 6~8 个月（Shannon，1945），而公牛从出生到被宰杀则通常需要三年半到四年的时间（Danhof，

1969；Gates，1960）。尽管早期的"纯种"猪的特征通常是体弱多病，但农民发现将它们与更健壮且更成熟的品种，如塔姆沃思猪杂交可以产生最佳的性状组合。这种杂交猪能够高效地将玉米转化为肉类，它们也因此经常被称为"抵押贷款搬运机"（mortgage lifter）。第3个因素是母猪的繁殖能力超过母牛。母猪可以比母牛更早生育，它在1岁就能生育，而不是像母牛一样需要等到2~3岁。同时母猪的妊娠期要短得多，一只母猪能在4个月内产下一窝小猪，而一头奶牛需要9个月的时间才能产下一头小牛，偶尔也能够产下两头小牛。到19世纪末，农民一年对母猪进行两次配种的情况并不少见。因此，在东部和中西部的混合农场，农民会在很大程度上倾向于生产猪肉。

当然，农民对养猪的偏好与这一地区的大部分区域都十分适合生产优质玉米这一事实密切相关，猪能够高效地将这些优质玉米转化为肉和脂肪。尽管今天，世界各地的玉米都在北纬60°和南纬40°之间生长，但是在19世纪并非如此，在当时能够获得最佳产量的条件包括：较厚的表层土壤、18~25英寸的降水量、5~6个月的生长季、白天的最高温度达到85 ℉以及夜间的最低温度达到55 ℉。这些条件在美国的一个较大区域能够得到满足，该地带在南北方向上以东部沿海平原和西经98°穿过的堪萨斯州和内布拉斯加州中东部为标志，东西方向上以五大湖湖岸和墨西哥湾的北部海岸为标志。因此，从阿巴拉契亚山脉的山地到大平原的边缘，从欧扎克山脉到瓦巴什河岸都可以种植玉米且能够取得不同程度的成功。如前所述，由于玉米较为粗糙，不太适口，它从来就没有被当作像小麦和棉花一样的经济作物。因此，19世纪玉米通常以猪肉或威士忌的成品形式进入市场[7]。正如当代人所说："猪是玉米的化身，因为猪不就是4条腿上的15~20蒲式耳的玉米吗？"（Cronon，1991）尽管如此，随着国家的边境向西拓展，这个国家又回到了东部城市化的时代，这些生猪消耗的所有玉米必须进入市场。

由于没有快速和低成本的运输方式，早期的生猪－玉米周期在本质上相当地方化，即通常以附近的集镇为中心，根据位置不同，集镇有时也可能与更广阔的市场相联系，而集镇本身就反映了跨村的周期。辛辛那提——又名"猪城"（Porkopolis），作为一个肉类加工业的转口港在 19 世纪早期的出现，标志着一个规模大且持续时间长的区域性生猪－玉米周期的开始（Gates，1960）。1823 年，这个拥有 1 万名居民的城市往外运输了将近 300 万磅猪肉；1840 年，这个数字是原来的 5 倍多（Buley，1950；Kurlansky，2002）。辛辛那提作为"猪城"的声誉是众所周知的。18 世纪 20 年代访问了这个城市的英国作家弗朗西丝·特罗洛普评论道，"如果人们没有那么专注于经营生猪的生意，我相信我一定会更喜欢辛辛那提"；30 年后，当纽约中央公园的创造者弗雷德里克·劳·奥姆斯特德访问辛辛那提时，他观察到"这里的猪多得像树一样"（Cronon，1991）；畜牧业历史学家鲁道夫·克莱门引用一位同时代人的话说，"是辛辛那提首创并完善了把 15 蒲式耳玉米喂给猪吃，再把猪肉装进桶里，然后送它翻山越岭供人类食用的制度"（Clemen，1923）。与房地产业的特征基本一样，地理位置是辛辛那提成为猪肉贸易中心的关键。辛辛那提位于俄亥俄州，周围是肥沃的河谷（包括索托河、迈阿密河、利奇河和白水河的支流），到 19 世纪 20 年代，辛辛那提已经成为猪肉业的"华尔街"[8]。与交通运输几乎同等重要的是辛辛那提拥有通往附近卡纳瓦山谷盐井的通道（Kurlansky，2002）。正如 Clemen（1923）所指出的："贸易的必需品需要充足的盐供应，而这在辛辛那提可以相对容易地得到。"

就像周围的河谷造就了辛辛那提在肉类加工业的领先地位一样，铁路的兴起最终终结了其领先的地位。尽管辛辛那提的肉类加工业一直保持增长，但其在肉类加工业中的相对地位一直受到动摇。1850 年，辛辛那提每年还要加工运输 30 万头生猪，相当于 4000 万~5000 万磅猪肉，而芝加哥只能加工运输 2 万头生猪。但是，铁路和西进运动使芝加哥获得了更快的经济增速。事实上，在内战期间芝加哥的猪肉产量就超过了辛辛那提，到 19 世纪 70 年代初，芝加哥每年有超过 100 万头生猪被宰杀（Cronon，1991）。芝加哥的崛起首先标志着一个全国性肉类市场的崛起，更确切地说，还标志着一个国际性肉类市场的崛起。正是由于这种跨区域的商品市场一体化的形成，众多的地方经济周期才在 19 世纪后期变得统一。一体化本身是一系列长期经济变化的结果，这些变化包括城市化、交通状况改善（其中铁路的发展最为显著）和制冷技术的发展（Goodwin et al.，2002；Craig et al.，2004）。

内战结束后，随着芝加哥市场的崛起，美国出现了全国性的生猪 - 玉米周期，当时可用于销售的玉米主要集中在中西部地区生产。可以说，当地的玉米市场也与芝加哥融为一体，并通过其与铁路和水运网络的连接，与更广阔的世界接轨。因此，内战结束以来，生猪 - 玉米周期就始终以一种不一定一致却清晰可辨的模式存在。接下来我们来看看这个周期如何扩散。

扩散与改进

图 6.1 展示了 1870~1940 年的生猪 - 玉米价格比率[9]。上文讨论的生猪与玉米之间关系的经济学原理表明，根据生猪品种的不同，可以合理地预期，20 蒲式耳左右的玉米在几个月到一年的时间内将产出 200 磅左右来自不同部位的猪肉，这是参考 Cuff（1992）的研究估算得出的战后屠宰的生猪（净）重量的平均值。正如 Fred（1945）最初提出的生猪 - 玉米经济学的"铁法则"，只要生猪的价格（以英担计）大于玉米价格（以蒲式耳计）的 10 倍，用玉米喂养生猪就能够创造利润。玉米是在家里种植还是购买的并不重要，因为玉米的市场价格是农民用玉米饲养生猪的机会成本。生猪与玉米的这种关系最终导致了生猪 - 玉米周期的形成。当生猪的供求关系满足猪肉价格是玉米价格的 10 倍以上时，农民就会宰杀成熟的生猪，并把所有的玉米都喂给即将成熟的生猪，如果可能的话，也会为了喂养即将成熟的猪而购买更多的饲料

（虽然 Fred Shannon 将"铁法则"的比率定为 10∶1，但图 6.1 中的数据表明平均值可能接近 11.5∶1）。

为了深入了解图 6.1 中数据的周期性特征，我们构建了一个自回归模型进行估计，该模型包含 12 个月生猪－玉米价格比率的滞后项和 11 个月度虚拟变量，然后得到相关特征多项式的根。主导根比较复杂，暗示着周期特征的存在，这个根的相关系数为 0.956，意味着模型实际上是动态稳定的，即周期至少在任何有意义的计量经济学意义上不是爆炸性的。主导根的计算周期为 34.76 个月或 2.90 年。这一估计表明，该模型得到的周期要比 Shannon 在 19 世纪末观察到的 4~6 年的周期短一些。这个周期也比 Ezekiel（1938）根据 20 世纪前 3 个 10 年的数据观察到的 3~4 年的周期短。

对这个周期的研究可以追溯到 Coase 和 Fowler（1937），包括 Ezekiel（1938）关于蛛网定理的经典著作。最近，Chavas 和 Holt（1991）以及 Holt 和 Craig（2006）的研究表明，周期是非线性的，周期的参数会随时间而变化。有关周期研究的演变表明，至少有两个基本问题在以前没有被成功解决，即除其他因素外，机械制冷的采用所导致的周期性的季节性结构变化，以及由于上述变化而产生的社会节约。

在谈到季节性结构变化和机械制冷技术的问题时，我们注意到玉米和生猪市场在上述期间经历了实质性的结构变化。除了机械制冷技术的应用，这些变化还包括从农场到餐桌的综合运输和配送网络的建立、玉米生产的进一步机械化以及战争和大萧条带来的变化。我们预计这些变化将以某种有意义的方式在生猪－玉米周期的基本结构中表现出来，而这些变化根据图 6.1 所示的数据来看并不一定是显而易见的。在这些重要的变化中，文献中对机械制冷技术的研究是最少的。然而，最近对易变质商品市场的研究表明，机械制冷技术在改变生猪市场的季节性结构从而改变生猪－玉米周期方面发挥了特别重要的作用（Goodwin et al.，2002；Craig et al.，2004）。尤其值得一提

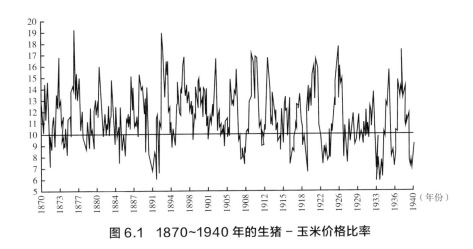

图6.1　1870~1940年的生猪－玉米价格比率

的是，机械制冷技术让猪肉经销商得以在时间和空间上套利。

　　曾几何时，猪的屠宰与农作物收割非常相似，即都是在一年中的某个时期进行。然而，机械制冷技术的使用改变了生猪市场的季节性特征。正如 Goodwin 等（2002）所指出的，制冷的物理学原理在古代就已经为人所知。然而，即使是那些冻肉运输车，其机械性能也是直到 19 世纪 70 年代末才得到完善（在此之前它们使用冰块制冷而不是机械制冷），并且直到 19 世纪 80 年代中期才实现大规模的应用。冷藏技术的进步与运输方式的变化密切相关，19 世纪 70 年代末，美国中西部的肉类大亨乔治·哈蒙德、古斯塔夫·斯威夫特和尼尔森·莫里斯都在使用以天然冰块冷藏的汽车运输牛肉，到 19 世纪 80 年代中期，从芝加哥到纽约的牛肉运输已经 "牢固地建立在有偿的基础上"（Anderson，1953）。赫尔曼和菲利普·阿穆尔加入 "四巨头"后，他们形成了 "世界上最大的托拉斯"（Russel，1905）。19 世纪 90 年代初，肉类大亨们控制了 "易变质食品" 的运输市场（Aduddell and Cain，1973；Cronon，1991）。虽然在运输牲畜和乳制品时使用天然冰块是美国区域市场一体化的重要发展，但在易变质食品的储存（批发和零售层面）和长途运输方面仍然存在着瓶颈，市场后来的发展主要是依靠机械制冷技术的完善。

　　早在 19 世纪 90 年代既可靠又经济的机械冰箱完美问世前，制冷的自然规律就已经为人们所熟知。吸热的基本过程需要将液体汽化，从而降低液体的压力，进而从周围的环境中摄取热量。蒸汽随后被冷凝（一种放热过程），这提高了它的压力，并导致热量释放。将汽化过程封闭起来并将冷凝器置于封闭装置的外面，机械式冰箱就这样诞生了。这一制冷方法于 1853 年在美国首次获得专利，并最终主导了 19 世纪晚期的肉类加工和批发行业。然而，早期的机器制造和维护成本高昂，而且是出了名的不可靠。之后机械制冷技术被广泛采用的关键是机床工业中一系列相当平凡的改进、相关冶金技术的改进、高压密封件的开发和电动机的应用，所有这些改进都发生在 20 世纪后期（Goodwin et al.，2002）。机械制冷的成本相对较高，尽管机械制冷在 19 世纪 90 年代末在很大程度上主导了易变质食品的国际运输和冷藏，但家用冰箱在几十年后才出现。我们认为，制冷，更具体地说，机械制冷，是 19 世纪末20 世纪初生猪－玉米周期的季节性和基本结构变化的关键因素。

　　在回顾制冷对生猪－玉米周期的影响之前，我们首先考虑在没有制冷的情况下周期的扩散。正如 Ezekiel（1938）在他关于这个主题的原始研究中指出的那样，尽管市场上对生猪或玉米的供给函数或需求函数存在大量可能的冲击，但其中许多冲击并没有破坏稳定。换句话说，它们只是暂时推动市场远离了"铁法则"比率，而并未导致市场失去均衡状态，即导致猪肉－玉米价格比率的周期性大幅下降或上升，并在下个季节回归到"铁法则"的状态下。在没有制冷技术的情况下，一些潜在的冲击可能会造成市场不稳定，但在有制冷技术的情况下，就不会如此了。假设最初的生猪－玉米价格比率在10：1 或 11：1 的范围内，此时市场处于某种稳定的均衡状态。现在假设好天气带来了玉米大丰收，这就使得玉米相对于猪的价格产生了下行压力。养猪户（至少是那些没有预料到玉米价格会有下行风险的养猪户），会试图利用廉价的玉米来扩大他们的养殖规模。在本次养殖期到下次养殖期之间，成熟生猪的供应量会增加，这最终将给生猪的价格带来下行压力。在其他条件不变的情况下，随着丰收季节的玉米被消耗掉以及新一代生猪发育成熟并被屠宰，市场价格将再次接近均衡价格。因此，不管生猪或玉米的供求是否存在任何其他潜在变化，由于气候波动而造成的玉米产量的周期性波动将会引起生猪－玉米价格比率的波动。

现在，假设玉米在大丰收之后迎来了异常糟糕的歉收。由此产生的负向供给冲击将给玉米价格带来上行压力，这直接干扰生猪－玉米价格比回归到"铁法则"的均衡状态。在一个没有冷藏设备的经济体中，随着投入品价格的上涨，处于扩张阶段的养猪户将尽其所能地屠宰和销售生猪，这一举动反过来将加剧周期的衰退。随着饲料价格的上涨，为了保持牲畜数量，最终会很快造成平均可变生产成本超过生猪价格的局面。简言之，不断扩大的畜群规模和稀缺的玉米的组合非但没有恢复均衡状态，反而会使价格比率远低于"铁法则"下的价格水平。为了等到下一个生长季和之后的屠宰季，农民不得不寄希望于明年的玉米更便宜并承受亏损以保持畜群规模。根据玉米在下一个生长季的产量情况，以及相关的玉米价格弹性，这个生猪－玉米周期可能会继续下行或触底反弹。简单地说，如果一个农民没有屠宰他的生猪之外的其他牲畜，那么他将因保留大量牲畜库存而蒙受巨大的亏损风险。

需要注意的是，这些农民实际上可能是在完全理性预期的基础上进行经营决策的，只是有时候他们做出了错误的决策。由于牲畜的投资组合在一定程度上是农作物预期产量的函数，而实际农作物产量是天气的函数，因此对生猪价格的预测最终与之前几个月的天气预测相挂钩。即使是现代气象学家在这方面的记录也做得很差。当然，当农民意识到他们的预测具有相对较大的误差后，他们会有对冲的动机。尽管在我们的数据覆盖期之后才出现了以猪肚形式对畜牧产品进行直接对冲的工具，但农民能够也确实对他们的玉米作物进行了对冲，考虑到大部分玉米都被用于养猪，这本质上也是一种对冲猪肉的方法。当时农民在多大程度上对农作物进行了对冲仍不得而知，但有两个因素阻碍了完全对冲。首先是交易成本，对许多农民来说，这可能是导致他们放弃对冲的决定性因素。对冲不仅要支付经纪费，还要到城镇去交易，而且城镇中要有足够大的粮食交易商来处理期货和相关合同。其次，对许多农民来说，相对于对冲的成本，风险的规模和性质使他们无法进入这些对冲工具的市场[10]。

如果作物歉收且价格高企，则那些进行对冲的投资者将面临回补头寸的风险，而当时的国家银行系统并不能很好地满足农民的需要。正如 Studenski 和 Krooss（1963）所指出的那样，"（该体系）受到了严格的限制……它不能满足农民在春季种植和秋季运输农作物所需的额外资金"，也无法弥补头寸。信贷市场的不完善使得他们无法在下个季度之前回补头寸，这意味着要对冲的作物的最佳比例远低于 100%。

更糟糕的是，在玉米价格高企的情况下，一旦生猪被宰杀，若市场行情好转，将无法使新生代的生猪立即进入市场。在没有冷藏机械的情况下，屠宰后得到的肉类无法储存，过了好几个月，下一胎才开始生崽，又过了好几个月，这些幼崽才达到上市的年龄。综上所述，市场的这些特征意味着价格将会频繁波动。

周期中主要的改进因素是机械制冷技术。现在考虑一个除了应用机械制冷技术之外，其他方面都与上文所述相同的市场。当玉米价格高企而猪肉价格下降时，养猪户不需要立即在秋季或初冬屠宰整群非种猪。简言之，农民不必等到下一个生长期结束或下一个屠宰期开始才销售猪肉。相反，农民可以在春季或夏季之前继续饲养部分生猪，然后在秋季末或者生猪供应不足时屠宰。这意味着生猪－玉米周期的基本性质本身已发生了根本性的改变。这种现象表现在两个方面。首先，全年生猪－玉米价格比率的趋势应该有所平滑[11]。其次，由于冷藏可以使农民在前一个屠宰期后继续保持畜群，在不降低屠宰率的情况下，整体畜群规模可能会增加。简言之，冷藏不仅能让农民暂缓屠宰生猪，还能允许农民在当下屠宰生猪的同时暂缓猪肉上市。通过这种方式，机械制冷平滑了生猪－玉米周期，并增加了猪肉和为了生产这些猪肉而消耗的玉米的产量。这是采用机械制冷技术冷藏肉类而产生的社会节约，我们将在后文对价格和产出效应进行估计。

社会节约

为了确定机械制冷技术对生猪－玉米价格比率的季节性的影响，我们构建了一个简单的线性模型：

$$HC_t = \sum_{i=1}^{3} \alpha_i P_i + \sum_{i=1}^{3} \sum_{j=1}^{11} \beta_{ij} D_j^* P_i + \varepsilon_t \qquad (6.1)$$

其中，HC_t 表示生猪－玉米价格比率，如果 t 早于 1893 年 8 月，则 $P_1=1$，否则为 0；如果 t 晚于 1893 年 9 月而早于 1917 年 4 月，则 $P_2=1$，否则为 0；如果 t 晚于 1917 年 5 月，则 $P_3=1$，否则为 0。与此类似，D_j^* 为月份虚拟变量且 $D_j^* = D_j - D_{12}$，$j=1$，…，11；如果当月为 j 月，则 $D_j^* = 1$，否则为 0。换句话说，式（6.1）中的 P_i 虚拟变量将数据分为三个相等的阶段：阶段 1=1870 年 1 月到 1893 年 8 月；阶段 2=1893 年 9 月至 1917 年 4 月；阶段 3=1917 年 5 月至 1940 年 12 月。D_j^* 变量是季节虚拟变量。季节虚拟变量的这种特殊形式允许将系数 β_{ij} 与相应的 α_i 截距项分开解释。尽管对各个阶段确切日期的界定可能显得有些武断，但这些阶段与叙述性证据所表明的前机械制冷时期、采用机械制冷的时期以及广泛使用机械制冷的时期大致一致。此外，调整每个周期的确切开始和结束时间对后面的内容没有实质性影响[12]。

通过模型（6.1），我们可以计算出在应用机械制冷技术与未应用机械制冷技术的情况下季节效应的百分比变化。结果如表 6.1 所示。

表 6.1 不同月份生猪 – 玉米价格比率的隐含变化率

月份	阶段 2/ 阶段 1（%）	阶段 3/ 阶段 1（%）
1 月	−1.29	−7.03
2 月	−4.44	−7.38
3 月	−2.87	−4.37
4 月	−1.44	−3.9
9 月	0.48	2.8
10 月	4.27	8.97
11 月	3.92	11.25
12 月	2.95	1.4

结果表明，采用机械制冷后，冬春两季生猪 – 玉米价格比率的季节效应有所下降。这表明，在所谓的"淡季"，猪肉供应有所增加。应用机械制冷技术后，农民可以推迟屠宰，以应对玉米相对价格的上涨。与此相反，秋季生猪 – 玉米价格比率的季节效应有所上升，这表明在此前的屠宰高峰猪肉供应有所减少。综上所述，由于机械制冷技术的应用，农民能够在不同季节进行套利，从而使价格的季节性变化趋于平滑。如上所述，这个过程中也存在产出效应，因为冷藏降低了农民持有更多牲畜的风险，因此春季屠宰规模的增加大于秋季屠宰规模的减少。

猪肉可以说是受机械制冷影响的易变质食品中最重要的商品。20 世纪头 10 年，机械制冷技术广泛使用后，仅猪肉的产值就占到美国 GDP 的近 4.5%。Craig 和 Weiss（1997，2000）估计猪肉产值占农业产值的 17.7%，由于农业产值约占 GDP 的 25%，因此猪肉对 GDP 的贡献约为 4.5%。当然我们也可以用完全不同的方法得到和上述差不多的数字。考虑到 1900 年美国的人均猪肉消费量约为 165 磅（Cuff，1992），每磅的平均价格是 0.06 美元（Holmes，1913），这也就是说，人均猪肉消费为 9.90 美元，占人均国民收入的 4.4%（Romer，1989），由此得到上文中的数字。消费也受到机械制冷的影响，因为用机械制冷代替腌制能够极大地改善食品的质量。此外，通过天然冰来消除制冷过程中固有的湿气能够大大提高冷藏食品的质量。

考虑到生猪（和玉米）市场的季节性变化特征，理解这种实际产出效应的关键在于机械制冷在不同季节产生的不同影响。粗略来看，机械制冷对产量产生正向影响这一观点尚不明晰。由于猪肉允许冷藏储存，因此随着时间的推移它会促进套利，并使得 11 月的猪肉能够暂缓上市而出现在 3 月的市场上，这对产出没有任何净影响。然而，产出效应是由于在价格下跌时维持畜群规模的风险降低而产生的。

因此，我们的目标是估算采用机械制冷而引起的净产量变化（以及最终消耗）。首先，考虑一个反映了市场提供的两个主要信息，即价格与数量之间的关系的简单模型。毕竟，这些是市场交易中可直接观察的结果。设 P_{ijt} 为价格，Q_{ijt} 为 t 年第 i 个易变质商品（如猪肉）在 j 季（如秋季或春季）交换的数量，则 Q_{ijt} 的需求价格弹性可定义为：

$$\mathrm{dln}Q_{ijt} / \mathrm{dln}P_{ijt} = \varepsilon_{ijt}; \ \mathrm{dln}Q_{ijt} = \varepsilon_{ijt}\,\mathrm{dln}P_{ijt} \qquad (6.2)$$

因此，如果能够估计弹性或者估计价格变化，那么就可以估计或预测市场供给方面的变化所引起的产出变化[13]。这对采用机械制冷技术对易变质食品市场的影响进行了初步估计。

由于秋季市场的规模大约比春季市场大 25%~50%，因此这一定是机械制冷技术使得净产量增加（Q_a/Q_s）$|\mathrm{dln}P_a|<|\mathrm{dln}P_s|$。然而，市场中没有任何内在因素能让这种状况保持下去。20 世纪初，我们估计猪肉的需求价格弹性在 −0.40 左右，而最近时期的估计是在 −0.78 左右[14]。

由图 6.1 中的价格数据以及价格弹性（取中间值 −0.59）可知，尽管秋季猪肉消费量会有 0.19%（−0.59×0.325）的小幅下降，但这一下降会被春季 5.49%［（-0.59）×（-9.30）］的平均消费增加所覆盖[15]。然而，我们还必须考虑到这样一个事实，即秋季消费一开始就比春季消费大得多。在表 6.2 中，我们估计了采用机械制冷技术后猪肉产量的变化。我们使用了 3 种不同的弹性数据和 3 种不同的春秋季产量比。在以中间值为基准的情况下，我们对机械制冷技术的影响进行了近似估计，该结果表明机械制冷技术带来了 2.28% 的净产出增长。当然，这是在其他条件不变的情况下进行的估计。

表6.2 采用机械制冷技术后美国猪肉产量的变化率			单位：%
弹性估计	春秋季产量比（0.66）	春秋季产量比（0.77）	春秋季产量比（0.88）
-0.4	1.4	1.54	1.67
-0.59	2.07	2.28	2.47
-0.78	2.73	3.01	3.26

Goodwin 等（2002）估计美国 19 世纪 90 年代每年人均猪肉总消费量为 75 磅左右，低于 Cuff 对 1900 年 165 磅的估计。如果使用上文的中间值进行估计，则整体消费将增长 2.28%，此时若使用 Goodwin 等（2002）的较低估计，则可以转化为人均年猪肉消费量增加 1.67 磅，若使用 Cuff 的较高估计，则转化为人均年猪肉消费量增加 3.75 磅。这相当于每年人均增加摄入2000~4000 卡路里的热量和 200~400 克蛋白质，这些营养物质也许足以养活全部国民 1~2 天[16]。虽然这些数字本身已经相当可观，但如果把它们推广到其他易变质的食品上时则会产生更大的总影响，可能达到这个数字的 3~4 倍，并导致食品消费总体增长 1%~2%。

衡量这些进步的另一种方式是基于总产出的角度。最依赖冷藏的易变质食品是肉类和奶制品。肉类和奶制品的产出约占农业总产出的 30%，由于1900 年农业产值占 GDP 的 25%，因此肉类和奶制品产值占 GDP 的 7.5%，而机械制冷技术所带来的 2.28% 的产值增长相当于 GDP 的 0.17%，这反映了机械制冷技术所带来的社会节约。正如其他学者最近所观察到的，机械制冷技术确实是"伟大的发明"之一（Gordon，2000）。

结　论

冷藏消灭了生猪－玉米周期吗？答案是没有。但是机械制冷技术确实改变了生猪－玉米周期。为了回答这个问题，我们回答了 3 个与之相关的问题：生猪－玉米周期是如何扩散的？这个周期最终是如何改进的？这种改进带来了多少社会节约？我们认为，生猪－玉米周期是由天气对玉米市场的冲击以及在没有制冷技术的情况下，养猪户无法平稳生产以应对饲料价格的冲击所共同造成的。这种无法平稳生产的情况并不是由非理性预期造成的，而是由于农民无法准确预测天气及其对玉米市场的影响，以及他们无法储存屠宰后的猪肉库存。在玉米丰收年份之后出现歉收年份的异常变化可能会导致生猪－玉米价格比率大幅波动。畜群规模的动态变化，即牲畜可以在一夜之间屠宰完，但产生一个新的畜群则需要时间，这一滞后性会导致市场偶尔从一个极端转向另一个极端。

机械制冷技术的出现改变了生猪－玉米周期的季节性特征，使农民既能平滑产量，又能促进产量增加。在主要的屠宰季节，此时的价格相对较低，农民可以使用冷藏暂缓肉类进入市场。因此，秋季供应会减少，而价格上涨，而春季的价格则会下跌，因为以前在秋季销售的猪肉现在可以在春季销售。

机械制冷也有产出效应。它可以让农民在时间和空间上套利，因此减少了价格波动的风险并使农民能够相应地增加畜群的规模。产出的增加代表着社会节约。我们估计，这种节约占总产出的 0.17% 左右，而这也对应着食品消费 1%~2% 的增长。我们认为，按照最合理的标准衡量，这些改进是巨大的。

注 释

* 感谢杰里米·阿塔克、乔舒亚·罗森布卢姆以及 2006 年 4 月在堪萨斯大学举行的"正确看待事物：猪、污水、婚外生育和其他计量史学问题"大会的与会者，以及普渡大学、斯德哥尔摩经济学院、波尔州立大学、东卡罗来纳大学、三角大学、经济史讲习班和华盛顿特区大学的研讨会参与者。

1. 事实上，这些工具本身的出现可以追溯到几个世纪前。然而，玉米期货和期权市场的出现仅始于 19 世纪中叶（Ferris，1988）。

2. 科学家们对玉米的起源争论很大。关于这场辩论历史的详细叙述，见 Kahn（1985）。

3.Berry（2004）描述了大约 1891 年秋天发生在肯塔基州农场的屠宰场景，虽然是虚构的，但相当生动。

4. 虽然长期趋势显然是专业化，但短期内农民的反应存在较大差异。见 Bogue（1993）、Craig 和 Weiss（1997）以及 Gregson（1993，1994）。

5. 因此，除其他事情外，好莱坞一般不会把重点放在拍摄"中西部电影"上，在这些作品中，赶着猪去市场的行为被认为是浪漫和理想化的。出于类似的原因，"猪仔"并没有成为美国早期边疆生活文化的一部分。

6. 在典型的驱赶过程中，牛比猪损失了更多的体重，但放牧猪的困难抵消了这一优势（Gates，1960）。

7. 也有"威士忌周期"的证据，但这是另一个话题。

8. 此外, 1811 年俄亥俄河上蒸汽航行的引入以及 1828 年迈阿密和伊利运河的建成, 有效地将辛辛那提与世界其他地方连接起来, 从而使腌制猪肉和熏制猪肉的运输变得经济可行。

9. 文中使用的玉米价格是芝加哥玉米的批发价, 单位是美元 / 蒲式耳; 生猪价格是芝加哥生猪的批发价, 以美元 / 英担计算 (芝加哥贸易委员会; Wallace, 1920)。

10. 在更现代的背景下, Berck (1981) 得出结论, 由于交易成本和产量风险, 加州棉农只有有限动机进行生产对冲。大致类似的论点也适用于 1890 年前后的中西部玉米种植者。

11. 预计这一比例全年不会完全平稳, 因为这两个市场都存在其他外生因素, 所有这些因素都遵循各自的经济逻辑。

12. 此外, 式 (6.1) 嵌套了一个没有跨期季节性变化的模型。但是, 对式 (6.1) 不存在结构变化的假设进行的 F 检验显示, 得到的 p 值为 0.0015, 由此我们可以得出, 式 (6.1) 中隐含结构变化这一假设得到了数据的支持。

13. 假设短期供给函数在某一点之外是完全无弹性的, 这似乎是合理的, 因为一旦牧群被屠杀, 它就无法在几个月或更长时间内被重新组建起来。

14. 例如, Deaton 和 Muellbauer (1980) 引用的数字为 −0.40。最初是来源于 Stone (1954)。最近, Brester 和 Wohlgenant (1991) 将该值定为 −0.78。

15. 表 6.1 中秋季猪肉平均价格变化百分比为 0.325%, 春季猪肉平均价格变化百分比为 −9.30%。

16. 关于猪肉重量、热量和蛋白质的估计值是根据 Craig 等 (2004) 的转化率计算出来的。

参考文献

Aduddell, R. M. and Cain, L. P. (1973), "Location and Collusion in the Meat Packing Industry", in Cain, L. P. and Uselding, P. J. (eds). *Business Enterprise and Economic Change.* Kent, OH: Kent State University Press.

Anderson, O. E. (1953), *Refrigeration in America: A History of a New Technology and Its Impact.* Princeton, NJ: Princeton University Press.

Atack, J. and Bateman, F. (1987), *To Their Own Soil: Agriculture in the Antebellum North.* Ames, IA: Iowa State University Press.

Berck, P. (1981), "Portfolio Theory and the Demand for Futures: The Case of California Cotton", *American Journal of Agricultural Economics* 63: 466–474.

Berry, W. (2004), *That Distant Land: The Collected Stories.* Washington, D.C.: Shoemaker & Hoard.

Bogue, A. G. (1993), "Communication", *Agricultural History* 67: 105–107.

Bonner, J. C. (1964), *A History of Georgia Agriculture 1732–1860.* Athens, GA: University of Georgia Press.

Brester, G.W. and Wohlgenant, M.K. (1991), "Estimating Interrelated Demands for Meat Using New Measures for Ground and Table Cut Beef", *American Journal of Agricultural Economics* 73: 1182–1194.

Brinkley, G. (1994), *The Economic Impact of Disease in the American South, 1860–1940.* Unpublished Ph.d. Dissertation, University of California, Davis, CA.

Buley, R.C. (1950), *The Old Northwest: Pioneer Period, 1815–1840*, Two volumes. Bloomington, IN: Indiana University Press.

Chavas, J. P. and Holt, M.T. (1991), "On Nonlinear Dynamics: The Case of the Pork Cycle", *American Journal of Agricultural Economics* 73: 819–828.

Chicago Board of Trade (various years) Annual Report. Chicago, IL: Board of Trade.

Clemen, R. A. (1923), *The American Livestock and Meat Industry*. New York: Ronald Press.

Coase, R.H. and Fowler, R.F. (1937), "The Pig-Cycle in Great Britain: An Explanation", *Economica* 4: 55–82.

Collins, E. J. T. (1993), "Why Wheat? Choice of Food Grains in Europe in the Nineteenth and Twentieth Centuries", *Journal of European Economic History* 22: 7–38.

Craig, L. A. (1993), *To Sow One Acre More: Childbearing and Farm Productivity in the Antebellum North*. Baltimore, MD: The Johns Hopkins University Press.

Craig, L.A. and Weiss, T. (1997), "Long Term Changes in the Business of Farming: Hours at Work and the Rise of the Marketable Surplus", Paper Presented at the International Business History Conference, Glasgow, Scotland, July 1997.

Craig, L.A. and Weiss, T. (2000), "Hours at Work and Total Factor Productivity Growth in 19th Century U.S. Agriculture", *Advances in Agricultural Economic History* 1: 1–30.

Craig, L. A., Goodwin, B. and Grennes, T. (2004), "The Effect of Mechanical Refrigeration on Nutrition in the United States", *Social Science History* 28: 325–336.

Cronon, W. (1991), *Nature's Metropolis: Chicago and the Great West*. New York: W. W., Norton and Company.

Cuff, T. (1992), "A Weighty Issue Revisited: New Evidence on Commercial Swine Weights and Pork Production in Mid-Nineteenth Century America", *Agricultural History* 66: 55–74.

Danhof, C. H. (1969), *Change in Agriculture: The Northern United States, 1820–1870*. Cambridge, MA: Harvard University Press.

Deaton, A. and Muellbauer, J. (1980), *Economics and Consumer Behavior*. Cambridge: Cambridge University Press.

Ezekiel, M. (1938), "The Cobweb Theorem", *Quarterly Journal of Economics* 53: 255–280.

Ferris, W. (1988), *The Grain Traders: The Story of the Chicago Board of Trade*. East Lansing, MI: Michigan State University Press.

Gallman, R. E. (1996), "Dietary Change in Antebellum America", *Journal of Economic History* 56: 193–201.

Gates, P. W. (1960), *The Farmer's Age: Agriculture, 1815–1860*. New York: Holt, Rinehart and Winston.

Goodwin, B. G., Grennes, T. and Craig, L. A. (2002), "Mechanical Refrigeration and the Integration of Perishable Commodity Markets", *Explorations in Economic History* 39: 154–182.

Gordon, R. J. (2000), "Does the 'New Economy' Measure up to the Great Inventions of the Past?" NBER Working Paper No. 7833. Cambridge: National Bureau of Economic Research.

Gregson, M. E. (1993), "Specialization in Late Nineteenth Century Midwestern Agriculture", *Agricultural History* 67: 16–35.

Gregson, M. E. (1994), "Reply to Professor Bogue", *Agricultural History* 68: 127–128.

Haas, G. C. and Ezekiel, M. (1926), "Factors Affecting the Price of Hogs", U.S. Department of Agriculture Bulletin No. 1440.

Haines, M. R., Craig, L. A. and Weiss, T. (2003), "The Short and the Dead: Nutrition, Mortality, and the 'Antebellum Puzzle' in the United States", *The Journal of Economic History* 63: 382–413.

Holmes, G. K. (1913), "Cold Storage and Prices", Bureau of Statistics Bulletin No. 101, United States Department of Agriculture, Washington, D.C.

Holt, M. T. and Craig, L. A. (2006), "Nonlinear Dynamics and Structural Change in the U.S. Hog–Corn Cycle: A Time-Varying STAR Approach", *American Journal of Agricultural Economics* 88: 215–233.

Kahn, E. J. (1985), *The Staffs of Life*. Boston, MA: Little, Brown.

Komlos, J. (1996), "Anomalies in Economic History: Toward a Resolution of the 'Antebellum Puzzle'", *Journal of Economic History* 56: 202–214.

Kurlansky, M. (2002), *Salt: A World History*. New York: Walker and Company.

O'Rourke, K. H. (1997), "The European Grain Invasion, 1870–1913", *Journal of Economic History* 57: 775–801.

O'Rourke, K. H. and Williamson, J. G. (2002), "When did Globalization Begin?", *European Review of Economic History* 6: 23–50.

Rasmussen, W. D. (1960), *Readings in the History of American Agriculture*. Urbana, IL: University of Illinois Press.

Romer, C. D. (1989), "The Prewar Business Cycle Reconsidered", *Journal of Political Economy* 91: 1–37.

Russell, C. E. (1905), *The Greatest Trust in the World*. New York: Ridgway-Thayer.

Salvador, R. J. (1997), "Maize", in Werner, M. S. (ed). *The Encyclopedia of Mexico: History, Culture, and Society. Chicago*, IL: Fitzroy Dearborn Publishers.

Shannon, F. (1945), *The Farmer's Last Frontier: Agriculture, 1860–1897*. New York: Farrar and Rinehart.

Stone, J. R. N. (1954), "Linear Expenditure Systems and Demand Analysis: An Application to the Pattern of British Demand", *Economic Journal* 64: 511–527.

Studenski, P. and Krooss, H. E. (1963), *Financial History of the United States*, 2nd Edition. New York: McGraw Hill.

Wallace, H. A. (1920), *Agricultural Prices*. Des Moines, IA: Wallace Publishing.

Wilder, L. I. (1971), *Little House in the Big Woods*. New York: Harper and Row.

7

进步运动时期美国劳动法规实施力度的测度

丽贝卡·霍姆斯

普赖斯·菲什巴克

塞缪尔·艾伦

Rebecca Holmes

Price Fishback

Samuel Allen[*]

劳动法规是美国进步主义运动的关键。19世纪末20世纪初，各州政府在调节劳动力市场和劳动条件方面发挥了更大的作用。19世纪70~90年代，大多数州都设立了专门的政府部门来收集劳工数据，并成立监管机构来检查锅炉、工厂和矿山。许多州通过了《雇主责任法》（*Employer Liability Laws*），扩大了雇主对工伤事故的责任范围，绝大多数州以《工伤赔偿法》（*Workers' Compensation Laws*）的形式确立了严格的责任与义务，从而使得事故赔偿程序规范化。许多州对童工和女性的工作时间加以限制。一些州通过取缔"黄犬契约"（yellow dog）以及保护工会商标来促进工会的发展，但另一些州则通过反诱惑法（anti-enticement）和限制罢工示威的法律来限制工会的发展，设立这些法律的目的就是减少工会对非工会工人的恐吓。

19世纪末20世纪初，有越来越多的文献研究进步主义法律对劳动力市场的定量影响[1]。虽然每一项研究都提供了关于个别法律如何影响劳动力市场特定方面的宝贵证据，但它们并没有覆盖那个时期所制定的具有广泛性的劳动法。美国劳工委员会和之后的劳工统计局曾在一系列报告中多次记录了各州劳工立法的情况。

在这些报告中，美国劳工部报告了大约135部影响劳动力市场和工作环境的法律。即使我们只考虑48个州的情况，研究135部相互独立的法律的影响及其带来的政治经济效应也是令人难以置信的。在自由度方面，我们从 −87° 开始，如果这是温度的话，我相信即使是在北极圈，也可能是创造纪录的。因此，我们需要找到破解"维度诅咒"的方法。如何才能将有关这些法律的信息转化为少数几个概念性措施，以便捕捉法律所创造的监管环境的本质？

我们在加总法律数量和构建就业加权指数的基础上探索了两种方法来整合这些法律[2]。在展示了这些指标之间的相关性之后，我们研究了不同的指标与劳动力人均制造业增加值之间的关系。使用 OLS 估计出结果之后，我们使用地区固定效应来控制各种不随时间变化的特征，这样能够减少一些潜在的内生性。初步结果表明，劳动法规与劳动生产率的高低无关。

州劳动立法：模式与来源

州劳动立法经历了几波浪潮。如表 7.1 所示，内战结束后不久，以宾夕法尼亚州为首的一些矿业大州开始设立基本的煤矿安全法规。与此同时，马萨诸塞州在 1869 年率先成立了劳工总局（general bureau of labor）。19 世纪 70 年代前后成立的劳工总局几乎没有强制力，它们主要调查工人的工资水平和工作条件并提出改进建议。1878 年和 1879 年，新泽西州和马萨诸塞州率先设了工厂监察员这一职务，让他们来执行法规。

表 7.1　美国各州劳工相关机构及法律建立的年份

州	劳工局	工厂监察委员会	工业委员会	工业委员会编码范围	永久工伤赔偿法
亚拉巴马州	1907[a]	1907			1919
亚利桑那州	1925[b]		1925	较小	1913
阿肯色州	1913	c			1939
加利福尼亚州	1883	1885	1913	广泛	1911
科罗拉多州	1887	1911	1915	无编码	1915
康涅狄格州	1887	1887			1913
特拉华州	1893	1893			1917
佛罗里达州	1893[d]	e			1935
佐治亚州	1911	1916			1920
爱达荷州	1890[f]	g	1917	无编码	1917
伊利诺伊州	1879	1893			1911
印第安纳州	1879	1899			1915
艾奥瓦州	1884	1897			1913

州	劳工局	工厂监察委员会	工业委员会	工业委员会编码范围	永久工伤赔偿法
					续表
堪萨斯州	1885	1901			1911
肯塔基州	1892[h]	1903			1914
路易斯安那州	1900	1908			1914
缅因州	1887	1887			1915
马里兰州	1888[i]	1898	1928	无编码	1912
马萨诸塞州	1869	1879	1913	广泛	1911
密歇根州	1883	1893			1912
明尼苏达州	1887[j]	1891			1913
密西西比州	1914	1914			1948
密苏里州	1879	1891[k]			1926
蒙大拿州	1893[l]	m	1915	无编码	1915
内布拉斯加州	1887[n]	1895	1929	无编码	1913
内华达州	1915	1915	1919	较小	1913
新罕布什尔州	1893	1917	1917	无编码	1911
新泽西州	1877	1878			1911
新墨西哥州	o				1917
纽约州	1882	1883	1913	广泛	1913
北卡罗来纳州	1887		1931		1929
北达科他州	1899	1905	1919	无编码	1919
俄亥俄州	1877	1884	1913	广泛	1911
俄克拉荷马州	1907	1910			1915
俄勒冈州	1903	1907	1920	较小	1913
宾夕法尼亚州	1872	1889	1913年，仅针对矿业	广泛	1915
罗得岛州	1887	1894			1912
南卡罗来纳州	1912	1912			1935
南达科他州	1890	p			1917

					续表
州	劳工局	工厂监察委员会	工业委员会	工业委员会编码范围	永久工伤赔偿法
田纳西州	1881~1884^q	1897^r	1923	较小	1919
得克萨斯州	1911	1911			1913
犹他州	1892^s	1917	1917	广泛	1917
佛蒙特州	1912	1912			1915
弗吉尼亚州	1897	1919			1918
华盛顿州	1903	1910	1919	较小	1911
西弗吉尼亚州	1890^t	1899^r			1913
威斯康星州	1883	1883	1911	广泛	1911
怀俄明州	1917	1917			1915

注：

a: 亚拉巴马州有一个矿山监察员，后来成立了仲裁委员会，但没有正式的劳工局。

b: 从1908年开始，亚利桑那州就有一名矿山监察员。

c: 1894年或更早的时候，阿肯色州就有一名矿山监察员。

d: 佛罗里达州农业部负责收集制造业统计数据。

e: 从1924年起没有设立相关法律。

f: 爱达荷州设立了宪法委员会。1879~1890年没有任何通过法律的记录。

g: 1893年或更早的时候，爱达荷州就有了一名矿山监察员。

h: 肯塔基州有专员负责收集农业、制造业和采矿业的统计数据。

i: 1868年，马里兰州最初的法律是针对农业和工业的，且主要关注农业。直到1888年通过的法律（1892年修订）才更具体地针对工业。

j: 明尼苏达州的法律包括了关于法律执行的内容和对专员违法行为的起诉，但只为起诉专员的违法行为提供资金支持。

k: 1891年密苏里州就有了监察员条例，但是在早些年没有发现。

l: 蒙大拿州通过法案设立了农业、劳工和工业局。

m: 蒙大拿州在1895年或更早的时候就有一名矿山监察员。

n: 内布拉斯加州赋予专员视察工作场所的权力。

o: 新墨西哥州从1908年开始就有了一名矿山监察员。

p: 南达科他州在1903年有一名矿山监察员。

q: 田纳西州的法律要求农业、矿业和统计局收集有关劳工的信息。最初的农业局成立于1871年，1875年改为农业、矿业和统计局，但似乎在1881~1884年的某个时候获得了统计劳工数据的职能，因此我们很难确定具体日期。

r: 在田纳西州和西弗吉尼亚州没有定期的检查人员，专员只有视察的权力。

s: 犹他州议会早些时候批准成立劳工统计局或州劳工部。

t: 西弗吉尼亚州赋予专员检查工作场所的权力，但专员只能报告在那里发现的东西。

19 世纪下半叶，一些州通过了早期的童工法、改进说明了雇主承担事故责任的性质、为工人选民提供政治保护并制定了一系列法律赋予工会更多的法律权力。20 世纪头 10 年，早期形式的劳动立法浪潮扩散到大多数州，许多现行的劳动法规得到了完善和更新。随着各州更多地参与社会保险、引入母亲抚恤金并用法定的工人赔偿规则取代了雇主责任制，下一波立法在 1910~1920 年接踵而至。在此期间，近一半的州通过了《女性工时法》，约 20% 的州为女性和儿童制定了某种形式的最低工资标准。与此同时，一些在劳动立法方面领先的州将其劳工机构改组为工业委员会，其中一些州还设立了童工委员会。

表 7.2 列出了在 1895 年、1908 年、1918 年和 1924 年采用各类法律的州的具体数量，我们能够在表 7.2 中明确感受到这些州的立法浪潮：1894 年许多州设立了劳动部门；1908 年展示了工伤保险和社会保险大发展前夕的立法状态；1918 年显示了美国在加入一战时的立法状态；1924 年显示了进步运动时期绝大多数州的立法获得通过之后的情况。如果一项法律至少在 1 个州通过，则列入该表。对法律信息的收集、对法律条例页数的统计以及对劳动立法的拨款的统计来源于美国劳工委员会（1896，1904，1908）和美国劳工统计局（1914，1925）报告中的"美国劳动法律"卷册。这些卷册包含了编纂者所能找到的各州的所有劳动立法的内容，并以统一的框架和文字收集在一起。当我们在证据中发现异常时，我们进一步使用《州法典》《立法法》和其他二手资料，特别是 Brandeis（1966）关于 1936 年前后开始的劳工立法的讨论，进行更深入的调查。这种方法有一定的边际误差，因为那些最初获得通过但之后又从书中被删除的法律将被忽略，而删除这些条文的原因主要是它们被取代了或者是被撤销了。在研究了立法法案、法案相关索引以及美国劳工委员会和劳工局的报告后，我们认为这不是一个严重的问题。

　　这些法律有各种标题，包括雇主责任法、工人补偿法、集体谈判法和最低工资法。即使以这种方式将它们进行分组，也意味着将有多达 24 种自然法律类型，这仍然是一个很大的维度。有兴趣使用该信息进一步研究某些特定法规的学者需要注意的是：在很多情况下，总体指数的信息只是此类法律存在的一个信号，法律的许多具体维度仍然没有包括在内。例如，工人补偿法有一个清单，Fishback 和 Kantor（2000）记录了这些法律所确立的福利慷慨程度及其他特征的差异，我们将在一些指标中考虑这些差异。同样，矿山安全条例包括了一系列有关矿山安全的具体条款，这些条款在 Fishback（1992，1987）、Graebner（1976）和 Aldrich（1997）的著作中有更深入的阐述。我们知道，在这里列出的许多其他特定主题也有类似的解释[3]。因此，我们鼓励对特定法规感兴趣的学者将这些措施作为进一步研究的起点，而不是对劳动法各个特定方面进行深入研究的替代品。

表 7.2　1895 年、1908 年、1918 年和 1924 年采用各类法律法规的州的数量
单位：个

相关法律法规的内容	1895 年	1908 年	1918 年	1924 年
雇主责任				
重述普通法	15	28	23	21
一般法	21	47	48	47
铁路法	16	31	32	32
街道铁路法	1	8	7	7
矿山法	1	4	4	4
不能让员工签订免赔合同	14	25	28	28
社会保险				
工人赔偿法	0	0	37	42
母亲抚恤金	0	4	30	43
工厂安全				
康复委员会	0	0	0	4

相关法律法规的内容	1895 年	1908 年	1918 年	1924 年
工业安全委员会	0	0	9	17
卫生／浴室规定	11	22	34	35
通风法	10	22	25	26
机器所需的防护装置	12	22	34	35
电气规程	0	0	6	8
建筑法规	5	13	23	24
其他法规	1	3	10	11
烘焙规程	7	14	27	32
车间规章	9	11	14	14
防火逃生器	23	30	36	37
工厂监察员	15	29	39	41
正常疾病报告	1	1	16	17
蒸汽锅炉检查员／违反安全法	15	17	15	17
事故报告				
矿山事故	19	26	33	32
铁路事故	3	21	36	39
工厂事故	10	14	22	23
铁路法规				
安全法规	20	32	45	45
街道铁路安全条例	7	28	30	30
铁路检查员	4	7	6	6
采矿法规				
矿山检查员	23	30	33	33
矿山安全规程：员工／个人	18	23	30	32
矿山安全条例：公司	22	30	33	35
未过磅未筛煤的罚款	14	21	22	23
矿长不履行职责的罚款	9	13	17	18
矿工医院和／或家	4	5	5	5
矿井里没有女性和儿童	25	31	35	35

续表

				续表
相关法律法规的内容	1895 年	1908 年	1918 年	1924 年
童工				
儿童安全委员会	0	1	10	14
童工监察员	13	30	40	41
从事制造 / 商业 / 机械工作的儿童	20	42	42	44
最小年龄	17	33	40	42
对开具虚假年龄证明的处罚	16	36	38	38
就业年龄证明	19	38	45	46
对父母闲散而儿童工作的处罚	1	7	7	7
禁止儿童清洁或搬运会活动的部件	10	20	36	39
禁止孩子做杂技演员	25	30	34	34
女性和孩子禁止进入酒吧	6	23	5	6
儿童工时				
一般法	7	18	30	35
商业	6	15	22	22
机械行业	18	30	30	28
纺织行业	15	27	27	26
其他	2	8	10	10
儿童上夜班的最低年龄	7	29	42	45
女性条例				
特殊住宿（座位）	23	33	44	44
已婚女性对收入有自主权	31	43	46	46
女性工时				
夜间劳动	3	4	11	13
一般 / 所有就业	2	6	24	28
商业	3	8	24	27
机械行业	12	16	25	28
纺织行业	8	13	25	27
假期				
法定节假日不上班	0	0	3	3
劳动节假期	29	48	51	51

相关法律法规的内容	1895 年	1908 年	1918 年	1924 年
周日劳动罚款	43	48	49	50
工时				
纺织行业	6	6	6	6
采矿业	5	13	15	15
制造业	7	7	8	9
铁路业	8	26	27	27
街道铁路业	8	10	10	10
公共就业	14	22	29	30
其他	5	5	11	11
一般工时法	13	12	11	11
公共道路	2	23	16	16
一小时的用餐时间	6	9	17	19
工会与谈判				
伪造使用工会卡或雇主证书	1	10	12	13
工会的成立	9	9	10	11
劳工组织免于反垄断	5	5	10	14
接受诱惑（比如贿赂）处罚法	11	11	11	11
干扰铁路运行、制造铁路恐慌、工人弃置列车或阻塞轨道	25	11	9	9
干扰铁路职工	14	9	9	9
干扰街道铁路员工	4	1	1	2
不恐吓矿工	4	6	7	7
非法干涉商业业务或雇用他人	15	16	19	21
反纠察	0	2	2	6
反抵制	3	7	5	5
罢工：协议无效	3	5	7	10
密谋对抗工人（合谋阻止某人工作）	11	14	15	17
劳动协议不是阴谋	6	8	8	10
反恐吓	14	23	26	27

| | | | | 续表 |
相关法律法规的内容	1895 年	1908 年	1918 年	1924 年
不列入黑名单	14	23	25	25
不平等协议（不允许将加入工会作为雇用条件）	11	16	12	12
禁止雇用武装警卫	17	12	9	9
工业警察是合法的	1	9	19	22
对罢工或其他工作特征的虚假陈述	2	7	12	13
禁令的限制	0	1	4	8
刑事统一主义（为政治或经济目的提倡暴力或破坏）	0	0	7	19
劳工组织——官员挪用资金	2	2	3	3
雇主联合起来进行非法定薪	0	1	0	0
未经业主同意擅自侵入矿山、工厂	1	1	0	0
工会商标罚款	25	42	43	44
定罪的劳动				
劳动定罪条例	22	27	32	33
贿赂、胁迫或剥削				
领班接受非法雇用费	1	4	12	14
贿赂员工	0	13	17	17
强迫雇员是违法的	10	13	19	19
公司商店不能欺诈	6	8	8	8
政治保护				
非法强迫员工投票	30	33	38	38
投票决定休息时间	18	22	24	24
行政管理				
劳工统计局或劳工部	28	34	43	44
国家仲裁委员会	20	26	32	33
自由就业办公室	0	14	23	32
外来劳动力				
非法输入外籍劳工	2	1	0	0
禁止外国人从事公务	5	12	14	17
中国劳工	3	3	3	3

<table>
<tr><th>相关法律法规的内容</th><th>1895 年</th><th>1908 年</th><th>1918 年</th><th>1924 年</th></tr>
</table>

续表

相关法律法规的内容	1895 年	1908 年	1918 年	1924 年
职业介绍所				
移民代理许可证	3	6	11	12
职业介绍所的管理	11	25	35	42
职业许可证类型				
铁路报务员（也是最低年龄）	3	1	1	2
水管工	9	19	22	23
马蹄铁工人	2	5	6	6
司机	0	1	27	36
飞行员	0	0	2	6
其他	0	0	2	2
电影操作员	0	0	8	8
理发师	1	13	16	16
蒸汽工程师（消防员）	11	16	17	17
矿山经理	7	11	13	16
电梯操作员	1	2	2	2
铁路职工	1	1	1	1
电工	0	1	2	4
装卸工	2	2	2	2
反歧视				
仅因年龄原因不能开除	0	1	1	1
性别歧视	3	3	4	6
反歧视	1	1	1	1
工资支付				
拒付	1	1	3	4
现金工资	19	29	28	30
工资支付频率	20	26	32	37
雇主预付款的偿还	1	9	9	12
雇主不得强制捐款	5	6	7	8
铁路工人：要求减薪通知	1	2	2	2
如果是员工也必须发出解雇通知，否则罚款	6	9	10	10

相关法律法规的内容	1895 年	1908 年	1918 年	1924 年
最低工资				
公共工作的最低工资	1	4	9	10
女性 / 儿童的最低工资	0	0	12	14
最低工资委员会	0	0	9	10
其他				
弃船违法	5	1	0	0

注：包括截至 1912 年美国所有的州、阿拉斯加、夏威夷和哥伦比亚特区。
资料来源：Holmes（2003）。

劳动法规强度的测度

我们研究发现定量社会学家采用两种汇总指标的方法来衡量劳动力市场的调控：①第一个指标是每个州各种类型的法规数量之和，但要对其中不利于劳动者的法规赋予负值；②第二个指标是就业份额加权指数，构造方式为对不同类型的劳动法规创建单独的指数，并将其累加为一个综合指数。在构建该指标的过程中，我们还根据受劳动法影响的劳动者占劳动者总数的比例对法规赋予了权重[4]。

法规总数

汇总各州劳动法规的一种方法是将各州在每个时间点上的法规总数相加。每个以 i 为下标的法规都有一个值 L_{ist}，在 t 年，s 州的法规生效时该值为 1，否则为 0。然后，计算出 t 年度 s 州未经处理的劳动法规总数 R_{st}：

$$R_{st} = \sum L_{ist}，对于所有的 i$$

在以下 3 种情况中，这种方法能够大大简化过程并有效地发挥作用：①难以确定法规的相对重要性；②一些法规可能很重要，但早期学者没有仔细研究，因此仅专注于研究较多的法规可能会导致研究较少的法规没有被赋予相应的权重；③简单的法规数量总和可以用来初步衡量法规的覆盖范围。

未经处理的劳动法规总数的测度方法有明显的缺陷，因为它把所有的法规都视为同等重要。在某些情况下，使用法规数量的差异来衡量劳动法规的真实强度是不准确的。例如，一个州在铁路业、制造业和采矿业分别都拥有独立的劳动工时法，这时其法规总数为 3，而实际上另一个州实施的涵盖所有工人的单一法规则是一个更加强有力的法规。然而，我们可以用就业份额加权指数来解决这个问题。在加总之前，法规就是以行业的就业份额为权重的。在这个特定的设置中，按就业份额加权的劳动法规总数和未经处理的劳动法规总数是高度相关的，所以我们将在本章其余部分重点关注未经处理的劳动法规总数[5]。

理论上听起来不错的法规可能不会产生太大的实际影响。Fishback 和 Kantor（2000）对工伤赔偿法起源的研究表明，一些雇主责任法只是简单地重申了普通法，实际上并没有真正改变雇主的法律责任或事实责任。这类法规被计入了未经处理的劳动法规总数，但当我们面对这类法规时将改变处理雇主责任的方式，因此它将不再发挥作用。

在某些情况下，劳动法规的实施可能会使工人的生活更加困难。例如，表 7.1 包括一系列劳动法规，这些法规旨在通过将工会视为非法组织、限制纠察和抵制活动以及将未经雇主许可的侵入视为非法活动等方式来限制工会的有效性。还有一些限制劳动力流动的法律措施，它们对试图诱使工人离开目前工作岗位的雇主处以罚款。因此，我们对这些损害或者不利于劳动者权益的法规赋以负值。即使这样，我们有时也很难确定哪些法规对工人有负面影响而哪些法规对工人有正面影响。例如，经济学家指出，最低工资法可以使一些工人受益，让他们在无须付出任何额外努力的情况下就能获得加薪，但这样同时也损害了那些失业或难以找到新工作的工人的利益。

指数

在构建劳动法规强度指数的方法中，我们使用了一些在研究劳动法规时所积累的知识，即将法规分配到不同类别中以更好地控制权重。之后我们构建了两种不同权重的指数，一种是原始指数，另一种是就业份额加权指数。

原始指数

第一个指数是原始指数，该指数将符合某一特定类别的法规相加，然后对总和进行调整，之后通过除以该类别中的法规数量，使该类别的指数介于 0 到 1 之间。s 州在 t 年的第 j 类法规的指数 I_{jst} 是第 j 类法规变量 L_{ijst} 的总和除以第 j 类法规的个数 n_j [6]。

$$I_{jst} = \sum L_{ijst} / n_j, \ i=1 \text{ 到 } n_j$$

例如，我们确定了 12 部涉及不同方面的工厂安全法。随后我们创建了一个工厂安全法子类别，将每个州和每一年的法规加总求和，然后除以 12 变成一个指数。因此，此子类别中可以达到的最大值为 1，最小值为 0。在 1899 年或 1919 年，没有一个州拥有全部的 12 部法规，因此这类法规的指数最大值为 0.917[7]。

有两类指标可以为负。在杂项类别中，旨在通过向移民代理颁发许可证来防止移民出境的法规被赋予了负值，因此杂项类别在某些州可能具有负值。工会条例中既包括支持工会活动也包括限制工会活动的措施。工会监管指数是用支持工会活动的指数减去限制工会活动的指数来计算的。在某些情况下，整体的工会监管指数可能为负。

为了得到整体指标，我们将这些指标的数值汇总在一起，并将总数除以研究中所划分的 24 类法规（除以 24）。

$$I_{st} = \sum I_{st}/24$$
$$= \sum \left(\sum L_{ijst}/n_j\right)/24，\ i=1\sim n_j,\ j=1\sim 24$$

原始指数建立在以下 24 个类别上：雇主责任和工人赔偿法规；蒸汽锅炉检查法规；工厂安全法规；采矿法规；铁路法规；街道铁路法规；其他行业法规；儿童法规；女性法规；职业许可证法规；女性工时法规；儿童工时法规；男性工时法规；节假日规定；工会法规；有关贿赂、胁迫和政治自由的规定；有关劳工部或劳工统计局建立的法规；有关劳动争议仲裁和调解委员会建立的法规；有关康复委员会建立的法规；有关自由就业办公室建立的法规；反歧视法规；发薪日规定；有关工业委员会建立的法规；最低工资法。我们将工业委员会视为一个单独的类别，因为其中一些类别获得的规则制定权限没有经过工厂监管机构授权。

有两个子类别的指标并不是纯粹基于法规数量进行计算。在雇主责任和工人赔偿这一类别中，我们使用 Fishback 和 Kantor（2000）的预期赔付金额占年度收入的比重作为该指数的基础。在实行工伤赔偿制度的年份，预期赔付是根据法律规定的具体参数计算的。其中普通职工的工伤赔偿在 1 以上，最高到 2.82。对于不实行工人赔偿的年份，我们从预期收益与年收入之比为 0.5 开始，这是基于 Fishback 和 Kantor（2000）在实行雇主责任和工人赔偿制度的情况下对预期赔付的比较而得出的。在未实行工人赔偿制度的州，精算师根据雇主责任险建议提高雇主责任险的保费，这将使工人获得更高的赔偿金，因此预期赔付与收入的比重开始从 0.5 往上调。而在收取较低保费的州，精算师建议将预期赔付占收入的比重从 0.5 向下调[8]。我们将法规指数除以最大值 2.82 来进行标准化，使该指数的值介于 0 和 1 之间。

在关于男性工时的法规类别中，一些州在 19 世纪末通过了最高工时法总则，官方规定工时为 8 小时，但这些法规通常附带"除非合同另有规定"的限制条件 。我们给它们设定的指标最大值为 0.1。美国劳工统计局认为，由于附加条款和缺乏执行力，这些法规几乎没有效果。在 1905 年美国最高法院宣布纽约州对面包师工作时长的规定违反了美国宪法后，这一劳动法规的作用进一步削弱[9]。我们决定对上述这些法规赋予正值，因为即使是在这些法规没有较强执行力的情况下，有些雇主也可能会遵守这些法规，主要是由于这些法规可能会引发一些导致工时减少的协商谈判。一旦新的工时结构建立起来，即使在 1905 年的判决之后，这些雇主也可能仍然决定去执行这些法规[10]。

就业份额加权指数

在所有对劳动法规数量进行求和的测度指标中，我们最喜欢的就是就业份额加权指数（employment-share weighted indexes，ESWI）。根据就业份额进行加权计算，我们可以避免将过多的权重赋予只针对该州劳动力中的 *k* 类工人的劳动法规上的问题。同时，我们还能够避免重复计算只针对特定群体的法律。

因此，*s* 州每个类别的指数变成：

$$ESWI_{jst} = \sum \left(L_{ijstk}/m_j \right) \times \left(S_{s1900k} \right)，其中 i=1\sim m_j$$

当下标 *k* 指的是一小群专业人员时，就业权重（S_{s1900k}）的值将非常小，比如涉及某些职业许可证时的情况。当下标 *k* 表示适用于所有工人的法规时，就业权重为 1[11]。每个州 *k* 种就业类别的权重是基于 1900 年人口普查中关于 1900 年有收入的男性工人、女性工人和童工人数以及 1899 年各种制造业中每种就业类型的平均人数的信息得出的（U.S. Bureau of the Cencus，1904，1902；Haines，2006）。我们选择 1900 年 /1899 年的权重来反映第 1 年的情况以便我们对各州的劳动法规进行比较。然后，我们继续在所有其他时期使用 1900 年 /1899 年的权重，以避免法规变化而导致就业份额发生变化的反向问题。对于 1899 年的 ESWI 来说，这个权重在反向效应方面仍然存在一些潜在的问题。我们之所以选择这一时期来计算就业份额是因为我们认为 19 世纪末是一个工业变革时期，因此 1890 年的情况不会反映 20 世纪的就业情况。另一种方法是避免特定州的分布受到州劳动法规的影响，因此我们制定了一个权重是基于职业和行业中比例的指数（因此就业份额的下标 *s* 被删除）。还有一种避免特定州的分布受到州劳动法规影响的方法是开发一种新的指数，其中权重是基于全国不同职业和行业的分布情况（因此就业份额的下标 *s* 被去掉了）。

在计算就业份额时，我们使用"就业基数"作为分母，该分母由 1900 年人口普查中从事贸易、运输、制造和机械行业的有收入的员工人数组成。这些类别包括矿工和建筑工人，几乎是所有劳工法规的重点关注对象。分母可能高估了受到劳动法规影响的人数，因为批发和零售行业的工人受劳动法规的影响较小。被排除在"就业基数"之外的工人包括专业工人、家政人员、个人服务人员以及农民，这些人常常被许多规定明确地排除在外。有些职业是需要执照的，我们在分子中确实把需要执照的特定职业包括在内，但从事这些职业的工人只占专业人员的很小一部分，而受法律监管的工人所占的比例更小，因此，我们认为这不是一个严重的问题[12]。

与原始指数的计算方法一样，我们的目的是将各种法规添加到各种子类别中，以便为这些子类别构建指数。不同之处在于，我们基于 1900 年之前受上述法规影响的劳动力比例对每一项法规在分类指数中的权重进行了加权。在我们前文所描述的工厂安全法的情况下，12 部工厂安全法中有 11 部是宽泛的制造业法，还有 1 部是针对面包师的宽泛法规。我们汇总了一般工厂安全法的数量，然后除以 11 构建了一个指数。如果一个州拥有上述 11 部法规，那么该指数的最大值为 1。然后我们用制造业工人的比例来加权算出该指数。我们采纳了针对面包师的法规进行测度，然后用烘焙工人的比例对其进行加权。结果是有关工厂安全法的就业份额加权指数最大值为 0.59（原始指数为 0.91），而最小值为 0。

一旦我们按就业份额加权，在法规主题相似但应用于不同行业的情况下，法规的数量就会减少。为了使这一点更加明显，我们将 j 类法规的数量符号改为 m_j。因此，在该制造业法规类别中，法规的原始数量（$m_j=12$）减少至 11（$m_j=11$），以避免将与一般工厂安全法相关的针对面包师的法规视为单独的法规[13]。

当对各个类别指标求和以获得总体 ESWI 时，同样会出现重复计数的问题。从上面原始指标中描述的 24 个类别开始，我们可以将工厂安全法规、采矿法规、铁路法规、街道铁路法规和职业许可证法规划分为经济活动法规的整体主题。每一个都有一个单独的指数，乘以它的就业份额，然后求和得到总体就业份额加权指数。同样，我们可以将女性工时法规、男性工时法规和儿童工时法规作为工时法规的单独类别。我们把女性活动法规和儿童活动法规归为另一类，因为这些法规经常在一般法的基础上发生变化。最终的结果是，我们总结了17个类别：工作场所活动法规；工时法规；女性儿童活动法规；其他行业法规；雇主责任和工人赔偿法规；蒸汽锅炉检查法规；工会法规；有关贿赂、胁迫和政治自由的规定；有关劳工部或劳工统计局建立的法规；有关劳动争议仲裁和调解委员会建立的法规；有关康复委员会建立的法规；有关自由就业办公室建立的法规；反歧视法规；发薪日规定；有关工业委员会建立的法规；最低工资法。在总结了17个类别后，我们将其除以17，得到了劳动法规的就业份额加权指数[14]。因此，s州在t年的总体 ESWI 公式为：

$$ESWI_{st} = \sum ESWI_{jst}$$
$$= \sum [\sum (L_{ijstk}/m_j) \times (S_{s1900k})]/17，其中 i=1 \sim m_j, \ j=1 \sim 17^{[15]}$$

我们将对每个工人的制造业增加值进行分析，使用的指数仅适用于制造业工人的一般法规。在制造业劳动法规的原始指数中，制造业19个具体的子类别为：雇主责任和工人赔偿法规；蒸汽锅炉检查法规；工厂安全法规；儿童法规；女性法规；女性工时法规；儿童工时法规；男性工时法规；节假日法规；工会法规；有关贿赂、胁迫和政治自由的规定；有关劳工部或劳工统计局建立的法规；有关劳动争议仲裁和调解委员会建立的法规；有关康复委员会建立的法规；有关自由就业办公室建立的法规；反歧视法规；发薪日规定；有关工业委员会建立的法规；最低工资法。最后的原始指标是先通过对19个类别中每个类别的指数求和，再除以19来构建的，这样指数就不能大于 1。当我们构建 ESWI 时，女性活动法规和儿童活动法规被分为同一个子类别，男性工时法规、女性工时法规和儿童工时法规也是如此，总类别数就变为 15。即使总指数广泛涵盖了采矿业和铁路业，制造业劳动法规的指数也与总指数高度相关。1909 年和 1919 年，具有相同就业份额加权方式的所有指标之间的相关系数均高于 0.97，1899 年则高于 0.96。这些指数变化的相关系数在 1899~1919 年高于 0.96，1899~1909 年高于 0.91，1909~1919 年高于 0.96。

在将上述指标与其他指标进行比较时，我们将重点关注使用州权重的 ESWI，这与使用全国权重的 ESWI 高度相关。这两个指标之间的相关系数每年都在 0.99 以上，1899~1919 年、1899~1909 年以及 1909~1919 年两类指数变化的相关系数均大于 0.98。

在本章其余部分，我们将重点讨论州 ESWI，而不是原始指数。原始指数与 ESWI 的相关系数在 1919 年大于 0.96，1909 年大于 0.97，1899 年大于 0.96。两类指数间变化的相关系数在 1899~1919 年高于 0.89，1899~1909 年高于 0.87，1909~1919 年高于 0.89[16]。与原始指数一样，1899 年 ESWI 排名较高及较低的州与 1919 年的排名也非常相似，仅略有调整。

宾夕法尼亚州和新泽西州的产业门类最为齐全，因此 1899 年二者的劳动立法水平最高，二者的具体取值均高于 0.4。加利福尼亚州、科罗拉多州、马萨诸塞州和蒙大拿州紧随其后。到了 1919 年，全国整体劳动立法水平处于相对高位。马萨诸塞州、纽约州与宾夕法尼亚州并列第一，以进步著称的为美国中西部的明尼苏达州、威斯康星州、密歇根州和俄亥俄州，西部地区从科罗拉多州开始至加利福尼亚州的大片地区紧随其后。

劳动立法强度的加大是一个全国性的现象，西部和东北地区一马当先。除了新泽西州和佛罗里达州以外，其他州均加大了劳动立法强度。其中，新泽西州是 1899 年的领头羊，因此与其他州相比，新泽西州立法强度的上升空间不大。ESWI 增幅最大的 10 个州（高于 0.23）分别是内华达州、俄克拉荷马州、俄勒冈州、亚利桑那州、华盛顿州、纽约州、马萨诸塞州、新罕布什尔州、印第安纳州和马里兰州。接下来的 10 个州主要由西部和中西部的州组成。大多数南部州排在 30~40 位，它们的指数增幅在 0.07~0.21。

劳动生产率与劳动法规

在进步时期，尽管劳动立法强度不断加大，但劳动法规仍是一个充满争议的问题。劳动法规的反对者通常认为，这些劳动法规会制约企业生产，进而提高企业成本或降低生产率，从而削弱企业的竞争力。部分支持劳动法规的人认为，这些法规在提高安全性、降低工时、提高工资和改善总体工作环境等给工人带来的福利超过了成本。另一些人则认为，可以通过改善工人工作条件来减少人员流动，从而部分或全部弥补与这些约束相关的生产力损失。减少人员流动可降低培训成本，同时意味着工人们将更有经验，从而更具生产力。

尽管在改善工作条件的方法上存在分歧，但工会负责人以及大型雇主都认为改善工作条件是必要的。大型雇主之所以觉得应改善自己企业的工作条件，部分原因在于他们想减少人员流动、提高生产率以及防止工人在工作场所组织工会。卡内基家族、洛克菲勒家族以及全国制造业协会（National Association of Manufacturers）的成员对工会或政府指导他们经营企业不感兴趣，他们不想让工会或政府干涉自己经营企业。但一旦有大雇主确立了一种做法，他们就希望政府能劝说其他企业采用相同的做法。当大型雇主加入变革阵营并采纳了政府及企业都能接受的法规时，一些体现进步主义的法规才最终落地实施。大型雇主可以从中获得好处，这是因为在其具有竞争优势的领域，监管法规"铲平"了竞争，这意味着竞争很大可能会向有利于他们的方向倾斜。如果竞争对手位于其他州，则这种好处会被削弱，但全国制造业协会和其他大型集团经常同时在多个州开展经营活动。变革者们对此心知肚明，但仍做出了这些妥协。尽管新法规常常达不到预期目标，但与原先的法规相比通常是进步的[17]。

因此，不能对各州劳动法规与劳动生产率之间的关系做简单预测。以下是一个很有价值的实证研究案例，该案例罗列了人们当前及以往对劳动法规的看法。如果这两者之间负相关，则说明这些法规的批评者是对的。为了进行全面的成本收益分析，我们还需要核查工人在工资、安全、工时和就业方面可获得的好处。如果两者之间正相关，或者没有相关关系，则劳动法规的支持者是对的。不过有一个前提，如果选择实施劳动法规的州是具有较高生产率的州，那么，相关系数大于等于零的情况仍然可能与劳动法规的负面影响相一致。除非我们能控制这种可能的内生性，否则我们在估计劳动法规对劳动生产率的影响时可能会存在偏误并倾向于得到正相关的估计结果。

为了研究劳动生产率和劳动法规之间的关系，我们针对 48 个大陆州和地区，构建了 1899 年、1904 年、1909 年、1914 年和 1919 年的面板数据。我们所能获取的最佳生产率数据均来自州一级的制造业，并以 1967 年美元计价的劳均制造业增加值来表示。所有的制造业数据都来自在这一期间每 5 年 1 次的制造业普查[18]。虽然我们在本章其余部分所描述的估计结果都是基于所有行业的劳动法规得出的，但只要情况允许，我们会专门针对制造业做出一系列新的估计。

表 7.3 展示了 1899 年、1909 年和 1919 年衡量劳动法规的指标与劳均制造业增加值之间的横截面相关性。1899 年衡量劳动法规的指标与劳动生产率

指标之间几乎没有相关性。但 1909 年和 1919 年，两者之间为正相关关系。表 7.4 中的结果表明，随时间的变化，各州衡量劳动法规的指标与劳动生产率之间并不存在正相关关系。

表 7.3	1899 年、1909 年和 1919 年劳均制造业增加值与劳动法规指标的横截面相关性		
	1899 年	1909 年	1919 年
EWLI	0.0449	0.3003	0.3077
劳动法规指标总和	−0.0334	0.1703	0.3943

注：EWLI（employment-share weighted law indexes）。有关劳动法规指标的资料来源和构建方法见正文。劳均制造业增加值由各州每年的制造业增加值（产品价值减去要素成本）除以平均劳动者人数得出。本章使用美国人口普查局 CPI 系列中的 E-135 进行平减处理，基期为 1967 年。

表 7.4	1909~1919 年、1899~1919 年和 1899~1909 年，劳均制造业增加值变化与劳动法规指标的截面相关性		
	1909~1919 年	1899~1919 年	1899~1909 年
EWLI	0.0288	−0.068	−0.0835
劳动法规指标总和	−0.0899	−0.2112	−0.0342

为了更仔细地探究这些关系，我们估计了劳均制造业增加值的自然对数与就业份额加权指数的自然对数之间的关系。我们对变量取自然对数，从而得出具有弹性系数形式的估计结果（见表 7.5）。

不考虑固定效应的 OLS 估计显示了基本关系[19]。与表 7.3 中 1909 年和 1919 年的横截面相关关系一样，表 7.5 第 1 列没有加入其他控制变量和固定效应，其系数显著为正，这说明劳动生产率相对于劳动法规指标的弹性为 0.1091。产生这种正相关关系的原因似乎是我们遗漏了与劳动生产率有关的其他变量。如果在回归中加入其他有关变量，劳动法规指标的弹性系数会急剧下降至 0.0267，并变得不显著。与此同时，劳均资本和工会指数均与劳动生产率正相关。由于劳均资本更高的公司和工会化程度更高的州更有可能推动立法，因此，我们有理由得出这样的结论：在推导劳动法规指标的最简化形式的估计时，把这些变量剔除在外将导致劳动法规指标在简单回归中偏向于具有正向影响。

由于规模更大、劳动生产率更高的雇主往往有助于劳动法规的落地实施，因此，我们在这里所估计的正相关关系可能是政治进程中的内生结果。控制这种内生性中与时间不相关的部分的一个方法是引入固定效应。固定效应的引入主要是为了分析各州范围内劳动法规的实施和企业劳动生产率随时间而发生的变化。固定效应的引入导致劳动法规指标的弹性系数变为负值，但弹性系数很小，同时也不显著。

结论及未来研究计划

为了衡量进步时期各州的劳动法规强度，我们采用了两种简单的综合性的指标：未经处理的原始指数及就业份额加权指数。在横截面对比中，这两种指标均高度相关。

表 7.5　劳均制造业增加值的自然对数对表中所列变量的 OLS 和固定效应回归估计结果（以 1967 年美元计价）

变量	系数	t 统计量	系数	t 统计量	系数	t 统计量
常数	8.5940	153.63	7.6445	33.94	8.1852	11.66
ln（就业份额加权指数）	0.1091	2.69	0.0267	0.61	−0.0444	−1.30
ln（按 1967 年美元计算的劳均资本）			0.00005	5.41	0.00003	3.34
ln（劳均马力）			−0.0625	−1.19	−0.1334	−0.95
在员工少于 20 名的工厂工作的工人比例			0.3195	1.20	−0.3582	−0.45
在员工多于 500 名的工厂工作的工人比例			−5.0840	−1.28	5.5575	0.46
工会指数			0.0233	3.45	−0.0021	−0.15

						续表
变量	系数	t 统计量	系数	t 统计量	系数	t 统计量
年份 = 1904	否		否		0.0216	0.62
年份 = 1909	否		否		0.0828	1.47
年份 = 1914	否		否		0.0545	0.76
年份 = 1919	否		否		0.1757	2.86
州固定效应	否		否		是	

注：有关国家劳动法规的测度见正文。我们使用的普查数据仅限于"工厂制"的产业而不包括家庭、手工业和社区产业。我们还对这些年来的制造业普查数据进行了核验。所有美元价值均使用美国人口普查局 CPI 的 E-135 系列进行平减，基期为 1967 年。工会指数暗含全国每个行业的工会化率均一致的假设，具体参见 Fishback 和 Kantor（2000）。

我们的最终目标是利用这些指标来回答一系列有关进步时期各州劳动法规影响的问题。多数研究关注的只是个别的劳动法规，比如工人赔偿法。然而，这些研究都没有在检验这些法规影响的同时，控制进步时期其他法规变量的影响。我们认为，重点不仅在于要评估具体法规的影响，而且还在于评估总体监管环境的影响。

虽然这些指标不能作为研究具体法规影响的替代指标，但它们可以用来了解美国整体的劳动立法环境。

在进行劳动法规影响的初步研究时，我们首先以劳均制造业增加值作为简单的衡量指标，对各种劳动法规与劳动生产率之间的简单关系进行了估计。劳动法规的实施强度与劳动生产率之间的简单时空关系表明，劳动法规实施与劳动生产率之间存在正向关系。这与改革者们的论点相一致，即这些法律规定并没有导致生产率下降进而使雇主成本显著增加，这也与制造业生产率更高的州往往会倾向于选择接受劳动法规的观点相一致。

通过引入固定效应控制了各州不随时间变化的不可观测因素后，劳动生产率相对于劳动法规指标的弹性系数接近于零。固定效应在一定程度上消除了采纳劳动法规的内生性，对于认为实施劳动法规不一定会降低劳动生产率的改革者来说，这一结果是一个积极的信号。如果固定效应不能完全解决内生性问题，则劳动法规的系数将无法显示出法规的负面影响，因为生产率较高的州采纳劳动法规的概率往往会更高。我们打算在以后的论文中对这个问题进行更加全面的探讨，同时我们还打算更加深入地探讨衡量劳动立法环境的其他方法。

注　释

*感谢罗伯特·马戈、保罗·罗德、安迪·多提、克劳迪娅·戈尔丁、劳伦斯·卡茨、萨姆纳·拉克鲁瓦、杰里米·阿塔克、肖恩·坎特、比尔·柯林斯、罗纳德·瓦哈卡、乔舒亚·罗森布卢姆、卢·凯恩以及汤姆·韦斯提供的帮助。

1. 例如，关于儿童法规参见 Moehling（1999）、Sanderson（1974）、Osterman（1979）和 Brown et al.（1992）；关于女性工时法规，参见 Goldin（1990）和 Whaples（1990a，1990b）；关于雇主责任和工人赔偿法规，参见 Fishback 和 Kantor（2000）、Buffum（1992）、Chelius（1976，1977）、Fishback（1986，1987，1992）和 Aldrich（1997）；关于煤矿法规，参见 Fishback（1986,1992）；关于制造业、矿山和铁路法规，参见 Aldrich（1997）；关于相关研究的总结，请参阅 Fishback（1998）。关于儿童法规对儿童就业的影响不大，但 Margo 和 Finegan（1996）发现，儿童法规确实显著提高了儿童的学校出勤率。

2. 在 Holmes、Fishback 和 Allen（2007）的研究中，我们研究了其他

衡量指标，包括劳动法规文本的页数和各州立法机构为管理、监督和执行劳动法规而为每个工人拨付的资金。我们还开发了基于数据挖掘的多维度替代指标，以确定哪些州在其选择的政策中最为相似。我们采用了两种方法：Holmes（2003，2005）在其关于各州劳动法规的论文中使用的主成分分析法和 Poole 和 Rosenthal 为在不确定的政策空间中确定非参数定位指标而采取的提名分析法。每种方法都有优缺点，我们在那篇文章中会更详细地讨论。

3. 例如，关于儿童法规，参阅 Margo 和 Finegan（1996）及 Moehling（1999）；关于女性工时法规，参阅 Goldin（1990）和 Whaples（1990a，1990b）。

4. 我们通过使用就业份额加权和指数加权方法进行了多种原始法规总数的组合。正如下面所讨论的，各种组合之间具有高度的相关性，因此我们将原始指数和就业份额加权指数作为两个极端指标。

5. 原始指数与就业份额加权指数之间的相关系数在 1899 年为 0.93，1909 年为 0.90，1919 年为 0.81。1899~1919 年的原始指数变化与同期就业份额加权指数变化的相关性为 0.77，1899~1909 年为 0.79，1909~1919 年为 0.80。

6. 由于各类别中的法规数量不随时间而变化，因此 n_i 没有时间下标。

7.1919 年该指数最大值低于 1 的其他子类别包括铁路安全法（0.8），其他行业法规（0.167），儿童法规，男性工时法，支持工会法，有关贿赂、胁迫和政治自由的规定。在一些对移民代理人设限从而限制黑人外流的南部州，其他行业法规指数为 −0.167。这些州没有其他具有正指数值的其他行业法规来抵消移民法的影响。

8. 该变量在 Excel 文件 wcdata.xls 中工人赔偿项目（Wrokers' Compensation Project Data）数据下的 expben10，网址为 http://www.u.alizarian.

edu/~fishback/，该变量于 2006 年 3 月使用。关于变量构造的描述见 Fishback and Kantor（2000: Appendix B），两者在同一个网站上。

9. 1905 年，洛施纳诉纽约最高法院的一项判决宣布，纽约面包师的工作时长违反宪法的限制，这一判决使为男性工人制定工资和工作时间上的限制而做的努力一度受到打击。

10. 我们还需要考虑的问题是，在关于洛施纳的判决之后，应该给予其他行业的男性工时法多大的权重。我们计划在这个问题上进一步努力。

11. 在对执照类别的分析中，我们使用了来自全国人口普查的就业人员比例数据。

12. 我们还使用另外两个指标当作分母，即 1900 年有收入的工人总数以及从事采矿业和制造业的有收入的工人总数。这两个指标与文本中的就业数量具有 0.8 以上的相关系数，我们认为这不会对结论产生太大影响。

13. 在构建工会关系法规类、雇主责任与工人赔偿法规类以及一般工时法规类的指标时，我们采用了与原始指标相同的步骤。

14. 一般工时法和特定行业工时法的覆盖范围非常混乱，我们仍在研究更好的方法来解决这些法律的覆盖范围出现重叠的问题。

15. 我们所有的子类别指数都是按就业份额进行加权，因此在对子类别求和以得到总体指数时，我们不需要再次进行加权。

16. 美国各州层面的 ESWI 指数与原始指数之间高度相关，其相关系数在 1919 年为 0.94，1909 年为 0.95，1899 年为 0.96。1899~1919 年，二者变化之间的相关系数为 0.84，1899~1909 年为 0.84，1909~1919 年为 0.88。二者的变化在 1899~1919 年的相关系数为 0.71，1899~1909 年二者变化的相关系数为 0.67，1909~1919 年为 0.81。全国整体的就业份额加权指数与就业份额加权总和之间的相关系数在 1919 年为 0.92，1909 年为 0.91，1899 年为 0.94。1899~1919 年二者变化之间的相关系数为 0.80，1899~1909 年二者变化之间的相关系数为 0.75，1909~1919 年二者变化之间的相关系数为 0.81。

相同权重方案下的制造业法规指数与总体法规指数之间也具有很强的相关性。两者的水平值在 1919 年、1909 年和 1899 年的相关系数分别高于 0.91、0.97 和 0.96。1899~1919 年，两者之间变化的相关系数均高于 0.92，1899~1909 年的相关系数高于 0.91，1909~1919 年的相关系数高于 0.96（U.S. Bureau of the Census，1903，1904，1913，1923，1933）。

17. 需要指出的是，在雇主反对变革者的情况下，雇主有时也会积极地破坏他们的劳动法尝试。关于雇主、工会和变革者所发挥的作用以及劳动立法最终影响的拓展讨论参阅 Aldrich（1997）、Brandes（1976）、Fishback（1998，2006）、Fishback et al.（2007）、Fishback 和 Kantor（2000）、Glaeser 和 Shleifer（2003）、Goldin（1990）、Lubove（1967）、Moehling（1999）、Moss（1996）、Weinstein（1967，1968）、Wiebe（1962）及 Whaples（1990 b）。

18. 具体数据来自美国商务部（1914，1924），并与美国人口普查局（1902，1917，1923，1928）的数据进行了重新核对。

19. 我们做这个估计是出于探索的目的。Holmes（2003，2005）及 Holmes 和 Fishback（2005）在一个由超越对数生产函数导出的方程组中，使用主成分分析中的 4 个因子来估计劳动法规的实施对投入品需求和平均成本的影响。然后，我们估计工资和就业的简化形式方程以便尝试梳理出劳动法规实施对劳动力供应的影响。

参考文献

Aldrich, M. (1997), *Safety First: Technology, Labor, and Business in the Building of American Work Safety, 1870–1939*. Baltimore, MD: Johns Hopkins University Press.

Brandeis, E. (1966 [1916–1935]), "Labor Legislation", in John R. Commons and Associates, *History of Labor in the United States, 1896–1932*, volume 3, reprint. New York: Augustus Kelley Publishers.

Brandes, S. (1976), *American Welfare Capitalism, 1880–1940*. Chicago, IL: University of Chicago Press.

Brown, M., Christiansen, J. and Phillips, P. (1992), "The Decline of Child Labor in the U.S. Fruit and Vegetable Canning Industry: Law or Economics?", *Business History Review* 66 (Winter): 723–770.

Buffum, D. (1992), "Workmen's Compensation: Passage and Impact", Ph.D dissertation, University of Pennsylvania.

Chelius, J. R. (1976), "Liability for Industrial Accidents: A Comparison of Negligence and Strict Liability Systems", *Journal of Legal Studies* 5 (June): 293–309.

—— (1977), *Workplace Safety and Health: The Role of Workers' Compensation*. Washington, D.C.: American Enterprise Institute.

Commons, J. R. and Associates (1966), *History of Labor in the United States*, 4 volumes, reprint of material published between 1916 and 1935. New York: Augustus Kelley Publishers.

Fishback, P. V. (1986), "Workplace Safety During the Progressive Era: Fatal Accidents in Bituminous Coal Mining, 1912–1923", *Explorations in Economic History* 23 (July): 269–298.

—— (1987), "Liability Rules and Accident Prevention in the Workplace: Empirical Evidence from the Early Twentieth Century", *Journal of Legal Studies* 16 (June): 305–328.

—— (1992), *Soft Coal, Hard Choices: The Economic Welfare of Bituminous Coal Miners, 1890 to 1930*. New York: Oxford University Press.

—— (1998), "Operations of 'Unfettered' Labor Markets: Exit and Voice in American Labor Markets at the Turn of the Century", *Journal of Economic Literature* 36 (June): 722–765.

—— (2006), "The Irony of Reform: Did Large Employers Subvert Workplace Safety Reform, 1869 to 1930", *Corruption and Reform: Lessons from American Economic History*. Chicago, IL: University of Chicago Press.

Fishback, P. V. and Kantor, S. E. (2000), *A Prelude to the Welfare State: The Origins of Workers' Compensation*. Chicago, IL: University of Chicago Press.

Fishback, P., Higgs, R., Libecap, G., Wallis, J., Engerman, S., Hummel, J. R., LaCroix, S., Margo, R., Sylla, R., Alston, L., Ferrie, J., Guglielmo, M., Pasour, Jr., E. C., Rucker, R. and Troesken, W. (2007), *Government and the American Economy: A New History*. Chicago, IL: University of Chicago Press.

Glaeser, E. and Shleifer, A. (2003), "The Rise of the Regulatory State", *Journal of Economic Literature* 41 (June): 401–425.

Goldin, C. (1990), *Understanding the Gender Gap: An Economic History of Women*. New York: Oxford University Press.

Graebner, W. (1976), *Coal-Mining Safety in the Progressive Era*. Lexington, KY: University of Kentucky Press.

Haines, M. (2006), *Historical, Demographic, Economic, and Social Data: The United States: 1790–2000*. Inter-University Consortium for Political and Social Research. ICPSR 2896.

Holmes, R. (2003), "The Impact of State Labor Regulations on Manufacturing Input Demand During the Progressive Era", Unpublished Ph.D dissertation, University of Arizona, 2003.

—— (2005), "The Impact of State Labor Regulations on Manufacturing Input Demand During the Progressive Era, Dissertation Summary", *Journal of Economic History* 65 (June): 531–532.

Holmes, R. and Fishback, P. (2005), "The Impact of State Labor Regulations on Manufacturing Input Demand During the Progressive Era", Unpublished working paper, University of Arizona.

Holmes, R., Fishback, P. and Allen, S. (2007), "Lifting the Curse of Dimensionality: Measuring State Labor Legislation During the Progressive Era", NBER working paper.

Lubove, R. (1967), "Workers' Compensation and the Prerogatives of Voluntarism", *Labor History* 8 (Fall):

227–254.

Margo, R. and Finegan, A. (1996), "Compulsory Schooling Legislation and School Attendance in Turn of the Century America: A 'Natural Experiment' Approach", *Economic Letters* 53 (October): 103–110.

Moehling, C. (1999), "State Child Labor Laws and the Decline of Child Labor", *Explorations in Economic History* 36 (January): 72–106.

Moss, D. (1996), *Socializing Security: Progressive-Era Economists and the Origins of American Social Policy*. Cambridge, MA: Harvard University Press.

Osterman, P. (1979), "Education and Labor Markets at the Turn of the Century", *Politics and Society* 9(1) (March): 103–122.

Sanderson, A. (1974), "Child Labor Legislation and the Labor Force Participation of Children", *Journal of Economic History* 34 (March): 297–299.

U.S. Bureau of Labor Statistics (1914), "Labor Laws of the United States, with Decisions of Courts Relating Thereto", *Bulletin of the United States Bureau of Labor Statistics No. 148*, 2 parts. Washington, D.C.: Government Printing Office.

—— (1925), "Labor Laws of the United States, with Decisions of Courts Relating Thereto", *Bulletin of the United States Bureau of Labor Statistics No. 370*. Washington, D.C.: Government Printing Office.

U.S. Bureau of the Census (1902), *Twelfth Census of the United States: 1900, Manufactures,* volume 7. Washington, D.C.: Government Printing Office.

—— (1903), *Twelfth Census of the United States, 1900, Population Part 1,* volume 1. Washington, D.C.: Government Printing Office.

—— (1904), *Twelfth Census of the United States, 1900, Special Report – Occupations*. Washington, D.C.: Government Printing Office.

—— (1913), *Thirteenth Census of the United States: 1910, Population,* volume 1; *Occupations,* volume 4, *Manufactures,* volumes 8 and 9. Washington, D.C.: Government Printing Office.

—— (1917), *Abstract of the Census of Manufactures, 1914*. Washington, D.C.: Government Printing Office.

—— (1923)，*Fourteenth Census of the United States: 1920, Population,* volumes 1 and 4; *Manufactures,* volume 8. Washington, D.C.: Government Printing Office.

—— (1928)，*Biennial Census of Manufactures, 1925.* Washington, D.C.: Government Printing Office.

—— (1933)，*Fifteenth Census of the United States: 1930, Manufactures,* volumes 1 and 3; *Population,* volumes 2 and 5. Washington, D.C.: Government Printing Office.

—— (1975)，*Historical Statistics of the United States, Colonial Times to 1970.* Washington, D.C.: Government Printing Office.

U.S. Commissioner of Labor (1986)，"Labor Laws of the United States"，*Second Special Report of the Commissioner of Labor.* Washington, D.C.: Government Printing Office.

—— (1904)，"Labor Laws of the United States with Decisions of Courts Relating Thereto"，*Tenth Special Report of the Commissioner of Labor.* Washington, D.C.: Government Printing Office.

——(1908)，"Labor Laws of the United States with Decisions of Courts Relating Thereto, 1907"，*Twenty-Second Annual Report of the Commissioner of Labor.* Washington, D.C.: Government Printing Office.

U.S. Department of Commerce (1914)，*Statistical Abstract of the United States, 1913, Thirty-Six Number.* Washington, D.C.: Government Printing Office.

—— (1924)，*Statistical Abstract of the United States, 1923, Fourty-Sixth Number.* Washington, D.C.: Government Printing Office.

U.S. Department of Labor (1962)，*Growth of Labor Law in the United States.* Washington, D.C.: Government Printing Office.

U.S. Supreme Court (1905)，*Lochner v. New York.* 198 U.S. 45. Downloaded from http://straylight.law.cornell.edu/supct/cases/name.htm, on August 18, 2005.

Weinstein, J. (1967)，"Big Business and the Origins of Workmen's Compensation"，*Labor History* 8 (Spring): 156–174.

—— (1968)，*The Corporate Ideal in the Liberal State: 1900–1918.* Boston: Beacon Press.

Whaples, R. (1990a)，"Winning the Eight-Hour Day, 1909–1919"，*Journal of Economic History* 50 (June):

393–406.

—— (1990b), "The Shortening of the American Work Week: An Economic and Historical Analysis of Its Context, Causes, and Consequences", Ph. D dissertation, University of Pennsylvania.

Wiebe, R. (1962), *Businessmen and Reform: A Study of the Progressive Movement*. Cambridge, MA: Harvard University Press.

8 重新审视 1870 年美国财富分配

乔舒亚·L. 罗森布卢姆

格里高利·W. 斯图斯

Joshua L. Rosenbloom

Geregory W. Stutes[*]

过去 20 年，美国收入不平等的问题越发严重，引发了人们对收入和财富分配历史的重新关注。在最近的几项研究中，研究人员试图构建出衡量 20 世纪大部分时间中收入不平等问题的统一指标 [1]。虽然关于 20 世纪前收入或财富分配的资料相当有限，但重要的是将 20 世纪财富分配情况放在更广泛的背景下进行研究。1850 年、1860 年和 1870 年的美国人口普查为我们提供了一个难得的机会去研究 19 世纪美国的财产所有权模式。1850 年，普查人员收集了不动产价值的信息，1860 年和 1870 年，他们收集了个人不动产和动产价值的数据。这些 19 世纪中期的数据让我们对工业化加速之前的财富持有情况有了大概了解。在本章，我们将利用综合公共用途微观数据系列（Integrated Public Use Microdata Series，IPUMS）中 1870 年的人口普查数据，对财富的分配情况进行分类考察。

曾有学者利用 19 世纪中期人口普查中的财富数据来研究 19 世纪财富积累和财富分配不平等的各种问题。但是，这些早期的研究要么样本相对较小，要么只关注了特定的群体 [2]。而 IPUMS 的大样本数据可以让我们从地理和不同群体这两个角度出发，探索财富不平等的差异，进一步扩展我们对 19 世纪中期财富持有情况的了解。

Soltow（1975）从美国人口普查数据中抽取了一小部分样本，研究发现美国南部地区的财富分配不平等程度比其他地方要高得多。我们也发现财富分配有明显的南北差异，但是通过对这些地区进行分类分析，我们发现，财富在东北某些地区、太平洋地区和山区分配的不平等程度几乎与在南方一样。我们将财富持有情况按种族、居住地、职业、出生年月和年龄进行分类，研究发现，城市地区的不平等程度高于农村地区，黑人之间的不平等程度高于白人，财富分配的不平等程度会随着职业和年龄的不同而变化。根据从事农业所要求的财产门槛来看，财富分配在这一职业群体中相对平等，这并不令人觉得奇怪，但我们也发现，专业工人、文书人员以及同种类型的工人之间的不平等程度相对较低，而从事销售的人之间的不平等程度最高。按照年龄对数据进行细分后，我们发现年轻人中财富分配的不平等程度最高，而年龄较大群体中的不平等程度则有所下降，这与 Atack 和 Bateman（1981）基于农村家庭的研究结果一致。与上述群体差异得出的结论相反，我们发现 19 世纪 70 年代在美国本土出生和在外国出生的美国人之间几乎不存在财富分配不平等的差异。

自库兹涅茨（Kuznets，1955）开始，经济史学家一直对财富分配不平等和经济发展之间的关系非常感兴趣。库兹涅茨在其开创性的文章中推测，收入不平等可能遵循倒 U 形的路径。他指出城市地区和工业部门的不平等程度比农村地区和农业部门更高，他还指出由于这种收入不平等的差异，在工业化早期阶段人口从农业部门流动到工业部门，这导致了其他条件相同的情况下收入不平等程度的加深。Williamson 和 Lindert（1980）发现 19 世纪美国熟练工人与非熟练工人工资比率的变动与这一推测一致，并将其作为收入不平等的典型事实。Steckel 和 Moehling（2001）利用美国各州财产税数据研究发现，从 19 世纪到 20 世纪初，马萨诸塞州的财富分配状况变得越来越不平等。

与这些早期研究一样，我们为美国工业化早期阶段财富分配不平等程度加剧的观点找到了论据。我们构建了一个与 Kopczuk 和 Saez（2004）相当的衡量财富不平等的指标，研究发现 1870 年财富分配不平等程度远低于半个世纪后的不平等程度。同时，我们利用 IPUMS 中的各州差异，发现 1870 年的财富不平等情况随城市化和工业化水平呈现系统性变化。

数据特征

1870 年的 IPUMS 包含了从原始人口普查手稿中随机抽取的 1% 的样本。

该样本共有 383308 个人的数据，样本总财富为 2.507 亿美元。样本中多数人来自大家族，他们的资产很可能会登记在户主名下。因此，分析个人之间的财富分配可能会对财产持有的集中程度产生误导。在随后的分析中，我们将重点放在了户主的财富持有状况上[3]。在 1870 年 IPUMS 的样本中有 75567个观测值来自户主，约占样本总数的 20%，但他们拥有的财富占统计报告中财富总值的近 90%。

人口普查统计人员收集的不动产和动产价值的资料均为自行申报数据，政府也向统计人员下达了"尽管无法做到完全准确，但也需要统计所有人财产的近似值以供参考"（Soltow，1975）的指示。1870 年，统计人员接到指示，只有当调查对象的动产总值达到 100 美元及以上时，才需登记动产。因此，这些数据有可能低估了较贫穷群体的财产持有状况。但 1860 年并没有这样的限制，因此 1860 年的数据资料可以用来推断 1870 年数据的删减程度。在 1860 年动产价值低于 100 美元的户主中，约有 1/3 的户主申报的动产价值为非零。但考虑到涉及的样本量和财产总额很小，删减动产样本的影响也很小[4]。

由于不动产和动产价值的相关数据都是自行申报的，因此，得出的数据不太可能完全准确，但之前的研究人员得出的结论是，这些差异不会造成大的系统性偏差。Steckel（1994）将人口普查手稿与税单进行匹配后发现，人口普查中的财富数据往往超过了应纳税的财富水平，但二者之间的差异与年龄或职业等社会经济变量之间没有系统性关联。他还指出，基于这两个来源的数据计算得出的基尼系数之间的差异很小且在统计上不显著。

表 8.1 第 1 列数据为 IPUMS 总体样本的描述性统计，而另外 3 列数据则分别提供了所有户主、男性户主和女性户主的特征对比。与总体平均水平相比，户主的年龄要大得多，其在国外出生并从事制造业的概率更大。如前所

述，户主的平均财富水平远远高于总体水平，而且他们持有财产的概率也更高。另外，户主所在的地区和城乡分布结果与总体十分相似。这两个群体的细分统计结果也十分相似。

女性户主相对较少，这也反映了当时典型的性别角色。1870 年只有约11% 的户主是女性，而且在多数情况下，这些女性之所以被登记为户主，很有可能是因为她们已经丧偶。女性户主的平均年龄比男性户主大将近 5 岁，而且女性户主是黑人的概率大约是男性户主为黑人的两倍。女性户主更有可能是土生土长的本地人且居住在农村。考虑到在她们成为户主之前可能发生的不利事件及其有限的经济前景，女性户主申报的财产均值相比总体水平大大减少，且她们申报未拥有任何不动产或动产的概率更高，这一点不足为奇。

1870 年财富拥有和不平等状况概览

1870 年，各州和地区的平均财富拥有水平和财富分配存在显著差异。IPUMS 的大样本性质使我们能够比以往的研究更加清晰地描述这些差异。在表 8.2 中，我们总结了上述差异在州和地区一级的特征。表中分别列出了不动产、动产和总财产（等于不动产和动产的总和）。对于每一类财产，我们都报告了所有户主拥有的平均财产价值，以及两个不平等指标：最富有的 1% 的人口拥有的财富比例以及申报拥有财产的人口比例。表 8.2 中分别报告了整个国家、各个人口普查部门和每个普查部门下辖各个州的数据。

表 8.1　1870 年 IPUMS 全样本和选定子样本的统计概要

	全样本	子样本中所有户主	子样本中男性户主	子样本中女性户主
观测值（个）	383308	75567	66825	8742
个人特征				
年龄（岁）	23.5	42.3	41.8	46.7
女性	0.496	0.116	0	1
黑人	0.126	0.126	0.117	0.193
从事制造业	0.073	0.199	0.219	0.047
生活在农村地区	0.586	0.62	0.584	0.889
生活在人口 10 万以上的城市	0.105	0.106	0.102	0.136
生活在人口 2.5 万~10 万的城市	0.044	0.044	0.043	0.054
外国出生	0.144	0.254	0.261	0.199
残疾	0.001	0.001	0.001	0.001
受教育	0.578	0.791	0.81	0.648
财产所有权				
不动产价值（美元）	444	2038	2141	1251
动产价值（美元）	210	920	966	565
财产总价值（美元）	654	2958	3107	1816
拥有财产	0.156	0.689	0.714	0.505
地理位置				
新英格兰	0.089	0.096	0.095	0.1
中大西洋	0.225	0.23	0.231	0.223
东北部地区	0.239	0.234	0.242	0.173
西北部地区	0.1	0.096	0.101	0.057
南大西洋	0.152	0.15	0.142	0.209
东南部地区	0.116	0.111	0.105	0.153
西南部地区	0.053	0.054	0.053	0.064
山区	0.008	0.01	0.01	0.009
太平洋	0.017	0.02	0.021	0.012

资料来源：Ruggles et al.（2004）。

平均财富的地区间差异相当大，从太平洋地区的 4936 美元到山区各州的仅几百美元。除去这两个开发历史较短的地区，美国南北之间的财富水平差距也非常明显：北方各州所拥有的财产的平均价值约为南方地区的 2~3 倍[5]。但平均水平掩盖了区域内部各地区间的显著差异。在南方，马里兰州、西弗吉尼亚州和肯塔基州等边境州的财富水平普遍高于内地各州。在北方，新英格兰地区各州之间的平均财富水平也存在特别大的差异，新英格兰南部的工业州，如康涅狄格州、罗得岛州的财富水平比佛蒙特州、新罕布什尔州和缅因州等北部农业州要高得多。

若将不动产和动产分开考虑，仍然能够看到地区间财富分配的显著差异。但值得注意的是，与其他州相比，不动产在新英格兰地区总财富中所占的比例较小，动产更为重要。在新英格兰地区，动产几乎占总财富的 43%，而在其他大多数地区，这一比例仅为 30%~35%。

在财富分配方面，我们所报告的两项综合指标显示出高度的相关性，即顶层财富集中度越高，则申报持有财产的人口比例就越低。而在这个问题上再一次出现了明显的南北分化，具体表现为南方的财富分布比北方更集中。在北方，70%~80% 的户主申报自己拥有的财产为正值。相比之下，在东南部地区申报拥有财产的户主比例为 59%，在南大西洋地区则仅为 50%。

1% 最富有的人的财富集中度数据也表明南部地区的不平等程度高于北部。在南部地区的各人口普查部门中，1% 最富有的人所拥有的财富比例为 31.2%~36.7%。在一些南部州，这个指标高得出奇，在路易斯安那州甚至超过了 50%。在中太平洋和中北部人口普查部门中，1% 最富有的人所拥有的财富比例则相当低，在 21.7%~26.3%。与之相反，新英格兰地区各州则呈现更高的不平等程度，与许多其他南部州相比，马萨诸塞州、康涅狄格州以及罗得岛州 1% 最富有的人所拥有的财富比例分别为 34.6%、40.6% 与 47.4%。

表 8.2 1870 年各州和地区调查对象拥有的财产均值、1% 最富有的人拥有的财产比例和申报拥有财产的人口比例

	观测值数量	不动产			动产			总财产		
		平均值（$）	前1%的比例	申报拥有财产比例	平均值（$）	前1%的比例	申报拥有财产比例	平均值（$）	前1%的比例	申报拥有财产比例
美国	75567	2038	0.268	0.483	920	0.383	0.628	2958	0.279	0.69
新英格兰	7225	2207	0.268	0.539	1651	0.497	0.614	3858	0.327	0.696
康涅狄格州	1092	3138	0.267	0.536	3068	0.581	0.616	6205	0.406	0.701
缅因州	1242	1341	0.132	0.747	753	0.27	0.746	2093	0.155	0.831
马萨诸塞州	3017	2161	0.337	0.418	1694	0.457	0.508	3855	0.346	0.599
新罕布什尔州	734	1963	0.156	0.659	1283	0.308	0.726	3246	0.2	0.779
罗得岛州	435	2688	0.517	0.4	1701	0.478	0.563	4389	0.474	0.667
佛蒙特州	705	2440	0.134	0.657	1207	0.169	0.745	3647	0.128	0.803
大西洋地区	17351	2740	0.271	0.467	1230	0.402	0.643	3970	0.263	0.705
新泽西州	1829	2876	0.22	0.439	1045	0.294	0.648	3921	0.223	0.7
纽约州	8847	2857	0.294	0.458	1298	0.418	0.583	4156	0.288	0.663
宾夕法尼亚州	6675	2547	0.241	0.487	1191	0.371	0.72	3738	0.242	0.764
大陆东北部	17702	2693	0.22	0.622	918	0.339	0.743	3610	0.217	0.815
伊利诺伊州	4923	2990	0.28	0.574	1079	0.42	0.74	4068	0.291	0.802
印第安纳州	3233	2408	0.163	0.609	815	0.288	0.76	3223	0.178	0.825

续表

	观测值数量	不动产			动产			总财产		
		平均值（$）	前1%的比例	申报拥有财产比例	平均值（$）	前1%的比例	申报拥有财产比例	平均值（$）	前1%的比例	申报拥有财产比例
密歇根州	2360	2497	0.177	0.699	866	0.278	0.736	3363	0.188	0.824
俄亥俄州	5198	2931	0.197	0.595	919	0.293	0.734	3850	0.204	0.805
威斯康星州	1988	2031	0.133	0.745	743	0.252	0.751	2774	0.144	0.849
大陆西北部	7226	2123	0.248	0.61	872	0.255	0.792	2995	0.229	0.84
艾奥瓦州	2211	2476	0.145	0.686	993	0.184	0.826	3469	0.139	0.879
提萨斯州	752	1484	0.117	0.585	647	0.168	0.771	2131	0.113	0.828
明尼苏达州	858	1791	0.21	0.717	710	0.26	0.78	2501	0.206	0.84
密苏里州	3122	2157	0.344	0.526	906	0.332	0.781	3063	0.317	0.815
内布拉斯加州	234	1926	0.273	0.697	721	0.244	0.799	2646	0.253	0.88
南达科他州	47	638	0.267	0.596	266	0.2	0.511	905	0.106	0.702
南大西洋	11351	972	0.364	0.325	417	0.455	0.442	1388	0.354	0.497
哥伦比亚特区	269	2161	0.37	0.242	749	0.476	0.461	2910	0.397	0.487
弗罗里达州	388	335	0.258	0.271	342	0.46	0.376	677	0.295	0.443
佐治亚州	2334	536	0.338	0.293	295	0.271	0.452	831	0.284	0.49
马里兰州	1387	1760	0.258	0.334	771	0.368	0.5	2531	0.256	0.553

续表

观测值数量	不动产			动产			总财产		
	平均值($)	前1%的比例	申报拥有财产比例	平均值($)	前1%的比例	申报拥有财产比例	平均值($)	前1%的比例	申报拥有财产比例
北卡罗来纳州	2050	455	0.292	0.384	229	0.259	0.429	684	0.235	0.512
南卡罗来纳州	1547	583	0.551	0.223	321	0.628	0.301	903	0.562	0.346
弗吉尼亚州	2347	1066	0.323	0.31	298	0.324	0.399	1364	0.3	0.448
西弗吉尼亚州	789	1654	0.277	0.504	790	0.497	0.705	2444	0.324	0.782
特拉华州	240	4098	0.341	0.458	1460	0.362	0.654	5559	0.349	0.733
大陆东南部	8375	976	0.338	0.362	531	0.34	0.552	1507	0.312	0.593
亚拉巴马州	2040	400	0.37	0.279	265	0.315	0.427	665	0.304	0.471
肯塔基州	2393	1722	0.295	0.486	866	0.382	0.679	2588	0.287	0.73
密西西比州	1702	541	0.404	0.25	371	0.361	0.429	912	0.331	0.456
田纳西州	2240	1035	0.296	0.388	536	0.303	0.625	1572	0.249	0.663
大陆西南部	4076	769	0.475	0.318	385	0.322	0.504	1154	0.367	0.55
阿肯色州	958	638	0.406	0.4	436	0.411	0.624	1074	0.392	0.664
路易斯安那州	1582	881	0.635	0.198	288	0.397	0.346	1170	0.517	0.399
得克萨斯州	1536	734	0.27	0.391	453	0.219	0.593	1187	0.199	0.633
山区	761	462	0.323	0.449	496	0.313	0.432	957	0.274	0.556

续表

	观测值数量	不动产			动产			总财产		
		平均值($)	前1%的比例	申报拥有财产比例	平均值($)	前1%的比例	申报拥有财产比例	平均值($)	前1%的比例	申报拥有财产比例
亚利桑那州	23	378	0.46	0.435	424	0.513	0.522	802	0.379	0.522
科罗拉多州	94	1188	0.358	0.404	533	0.119	0.479	1721	0.278	0.596
爱达荷州	39	1047	0.49	0.385	1117	0.321	0.436	2164	0.379	0.513
蒙大拿州	66	87	0.35	0.121	1040	0.175	0.455	1126	0.169	0.455
新墨西哥	199	186	0.23	0.492	228	0.599	0.241	414	0.419	0.508
犹他州	186	440	0.159	0.683	338	0.239	0.629	778	0.138	0.72
内华达州	134	488	0.459	0.336	717	0.375	0.433	1204	0.341	0.507
怀俄明州	20	13	1	0.05	35	0.571	0.1	48	0.684	0.1
太平洋地区	1500	3231.13	0.505	0.459	1705	0.393	0.656	4936	0.385	0.705
加利福尼亚州	1264	3568	0.481	0.426	1813	0.412	0.633	5381	0.4	0.681
俄勒冈州	187	1570	0.131	0.663	1120	0.182	0.813	2690	0.084	0.856
华盛顿州	49	886	0.184	0.51	1149	0.213	0.653	2035	0.201	0.735

注：对于动产而言，申报拥有财产比例为申报拥有价值100美元或更多的动产的比例。

资料来源：Ruggles et al.（2003）。

1870 年最富有的 1% 的人所拥有的财富比例的数据可以直接与 Kopczuk 和 Saez（2004）收集的数据进行比较。1916 年，也就是他们所收集的数据覆盖的第 1 年，最富有的 1% 的人拥有总财富的近 40%。根据 Kopczuk 和 Saez（2004）的研究，1930~1932 年，这个最富有群体所拥有的财富比例急剧下降，并且一直持续到 1949 年，此时他们所拥有的财富仅占全国财富的 22.5%。尽管财富分配不平等程度随后出现了一些波动，但 Kopczuk 和 Saez（2004）并未发现 1950 年以来 1% 最富有的人拥有的财富比例有任何长期趋势。相比之下，1870 年全国 1% 最富有的人仅占总财富的 27.9%，这个数字远低于 Kopczuk 和 Saez（2004）所发现的 20 世纪初的不平等水平。事实上，1870 年的数据与目前的财富集中度的水平较为接近。因此，在 1870~1916 年的半个世纪里，不平等程度随着国家的工业化进程明显加深。

个人财富积累的决定因素

迄今为止，我们所讨论的国家层面、区域层面和州层面的数据是基于成千上万人的微观数据。这些个体之间财富积累的差异既反映了与可观测特征，如年龄、职业和种族相关的系统性差异，也反映了随机冲击和不可观测差异的影响。由于 IPUMS 将个人财富持有水平的数据与大量个人特征结合在了一起，因此，我们可以探究个人特征的系统差异能够在多大程度上解释财富积累的差异。

由于在 1870 年大量户主被登记为无财产人员，因此我们将分两个阶段进行检验。在第 1 阶段，我们使用 Probit 回归来检验个人是申报拥有财产的相关因素。若个人被登记为持有财产（对于动产而言，如果其持有的财产超过 100 美元，则取值为 1），则因变量取值为 1，否则为 0。在第 2 阶段，我们将分析范围限制在所申报的财产为正值的群体中（对于动产则为超过

500 美元的群体），并将财产拥有水平的对数对个人特征变量进行回归。

表 8.3 报告了将 Probit 回归转换为边际概率的结果，因此每个系数都显示了自变量的变化对能够申报财产的概率的影响方式[6]。表 8.4 报告了将财产拥有水平的对数对个人特征变量的 OLS 结果，研究对象为申报财产为正值（对于动产而言，标准则为超过 100 美元）的户主。由于我们考虑的几个个人特征变量，如地理位置和职业，都属于内生变量并可能会随财富变化，因此，我们的分析应当被理解为相关关系的描述而不是关于财富积累的因果推断。

虽然系数会因我们所分析财产类别的不同而不同，但在不同类别的财产之间，结果通常都是极其相似的。为了简化讨论，我们将重点描述财产总值的回归结果，但也会简述结果存在显著差异的类别。

首先我们考虑一下拥有财产的概率，黑人拥有财产的概率比白人低33%。女性、外国出生和残疾人拥有财产的概率分别比男性、本土出生以及非残疾人低 11%、8% 和 21%。另外，受教育使拥有财产的概率增加了 10%。关于年龄的回归系数表明，财富持有随年龄增长呈倒 U 形的趋势，直到 19世纪 50 年代末才开始下降，而在此之前则一直在上涨。对于不动产来说，峰值则稍晚几年，大约为 62 岁。

衡量城市化的指标有两个，一个是生活在人口 2.5 万 ~10 万的城市，另一个是生活在人口超过 10 万的城市。数据表明，拥有财产的概率随着城市规模的扩大而下降。中等规模城市的居民拥有财产的概率比其他较小规模城市的居民低 8%，而大城市的居民拥有财产的概率则比较小规模城市的居民低16%。

财产的拥有还取决于职业，尽管这些影响可能在一定程度上反映了从事某些职业的要求。我们根据 1950 年人口普查的职业分类方案，对 IPUMS 中的原始职业进行了重新编码。所有的回归中都剔除了熟练技术工人的数据，

表 8.3 关于 1870 年申报拥有财产决定因素的 Probit 估计结果

	拥有不动产的概率大于 0			拥有动产的概率大于 0			拥有财产的概率大于 0		
	dF/dx	标准差	P>|z|	dF/dx	标准差	P>|z|	dF/dx	标准差	P>|z|
个人特征									
黑人	-0.3455	0.0066	0.000	-0.3211	0.0080	0.000	-0.3261	0.0082	0.000
女性	-0.0638	0.0108	0.000	-0.1208	0.0102	0.000	-0.1080	0.0099	0.000
外国出生	-0.0033	0.0052	0.522	-0.1170	0.0050	0.000	-0.0833	0.0048	0.000
受教育	0.1297	0.0063	0.000	0.1073	0.0061	0.000	0.0971	0.0058	0.000
残疾	-0.1374	0.0568	0.024	-0.2409	0.0626	0.000	-0.2072	0.0624	0.000
年龄	0.0359	0.0009	0.000	0.0218	0.0008	0.000	0.0218	0.0007	0.000
年龄的平方项	-0.0003	0.0000	0.000	-0.0002	0.0000	0.000	-0.0002	0.0000	0.000
城市化 [a]									
生活在人口 2.5 万 ~10 万的城市	-0.1334	0.0091	0.000	-0.0811	0.0095	0.000	-0.0766	0.0091	0.000
生活在人口 10 万以上的城市	-0.2796	0.0058	0.000	-0.1141	0.0070	0.000	-0.1576	0.0069	0.000
职业 [b]									
专业人士	0.2876	0.0113	0.000	0.2183	0.0074	0.000	0.1786	0.0064	0.000
农民	0.2682	0.0065	0.000	0.2473	0.0056	0.000	0.2108	0.0053	0.000
文员	-0.0241	0.0228	0.000	0.0175	0.0200	0.387	0.0028	0.0189	0.884
销售人员	-0.0416	0.0177	0.000	0.0244	0.0156	0.123	0.0027	0.0149	0.858
管理人员	0.1540	0.0094	0.000	0.1920	0.0066	0.000	0.1555	0.0060	0.000
操作工	-0.0982	0.0084	0.000	-0.0588	0.0082	0.000	-0.0693	0.0079	0.000

续表

	拥有不动产的概率大于 0			拥有动产的概率大于 0			拥有财产的概率大于 0		
	dF/dx	标准差	P>|z|	dF/dx	标准差	P>|z|	dF/dx	标准差	P>|z|
苦力工	-0.2058	0.0071	0.000	-0.1508	0.0072	0.000	-0.1552	0.0070	0.000
服务员	-0.0922	0.0174	0.000	-0.0756	0.0156	0.000	-0.0759	0.0148	0.000
无业	0.0140	0.0122	0.2510	-0.0260	0.0110	0.000	-0.0340	0.0104	0.001
地区 °									
中大西洋地区	-0.0046	0.0078	0.558	0.0759	0.0067	0.000	0.0585	0.0063	0.000
东北部地区	0.0512	0.0078	0.000	0.1061	0.0066	0.000	0.0973	0.0061	0.000
西北部地区	0.0133	0.0094	0.155	0.1366	0.0074	0.000	0.1061	0.0069	0.000
南大西洋地区	-0.0990	0.0087	0.000	-0.0320	0.0084	0.000	-0.0613	0.0081	0.000
东南部地区	-0.1108	0.0091	0.000	0.0415	0.0085	0.000	-0.0024	0.0083	0.769
西南部地区	-0.1169	0.0111	0.000	0.0155	0.0104	0.452	-0.0213	0.0101	0.032
山区	-0.0211	0.0204	0.302	-0.1453	0.0205	0.000	-0.1011	0.0194	0.000
太平洋地区	-0.0219	0.0154	0.157	0.0820	0.0128	0.000	0.0485	0.0122	0.000
Obs. P	0.4825			0.6377			0.6895		
Pred. P	0.4498			0.6660			0.7330		
Pseudo R²	2613			0.2319			0.2554		

注：a. 生活在人口少于 2.5 万的城市的居民被排除在外。b. 熟练技术工人被排除在外。c. 新英格兰地区被排除在外，且表示自变量变化一个单位而导致的概率的变化。

资料来源：Ruggles et al.（2004）。

因此，回归系数反映了其他群体相对于熟练技术工人群体在财富积累方面的差异。工人是拥有财产概率最低的职业群体，其所掌握的财富低于其他任何群体。农民是最有可能拥有财产的群体，农民拥有财产的比例比被排除在外的熟练技术工人高出约 20%。管理及专业领域人士紧随其后。文员和销售人员拥有财产的概率与熟练技术工人相当，而操作工和苦力工拥有财产的概率则要低得多。

表 8.3 同时也报告了地区对拥有财产概率的影响。在控制回归中包含的其他人口和职业特征变量之后，这些系数将会捕获区域效应。将这些估计出的区域效应与表 8.2 无限制条件下申报财富的比例进行比较可以发现，各地区间的人口特征差异能够解释前面所指出的地区差异中的相当大一部分。

再看表 8.4 中的结果，其中显示了个人特征与那些申报财产为正值的人所拥有的财产价值之间的关系。结果表明，黑人、女性、外国出生的人和残疾人不仅拥有财产的概率更低，而且这些群体中拥有财产的人所拥有的财富也更少[7]。受教育能够将拥有财产的概率提高 10% 左右，同时也会使所拥有财产的价值大约翻一番。通过观察财产价值与年龄的关系以看出，它们为倒 U 形关系且峰值出现在 61 岁左右。

尽管农民比从事专业领域和管理工作的人更有可能拥有财产，但他们所拥有的财产数额的平均值要低得多。专业人士和管理人员所申报的拥有财产数额分别比熟练技术工人高出 148.09% 和 136.61%，而农民所申报的拥有财产数额比熟练技术工人高出 83.1%。

虽然多数影响的正负方向在表 8.3 和表 8.4 中是相同的，但它们仍有一点不同，即城市居住区的影响不同。尽管大中型城市的居民拥有财产的概率低于小城市的居民，但在规模更大的城市，拥有财产的人所申报的财产平均数额也会更大。无论是单独分析不动产还是动产，人们所拥有的财产价值都会随着城市规模的增大而增加，其中城市规模对不动产价值的影响尤为显著。

就总财产而言，中等规模城市的财产构成的变化程度略高，但大城市居民的平均财富并不高于居住在人口少于 2.5 万的地方的居民。同样，控制个人特征变量有助于解释表 8.2 中报告的平均财富持有情况的一些区域差异，尤其对于南北差异而言，虽然并未完全消除，但在控制个人特征变量之后南北差异缩小了，而太平洋地区与东北地区之间的差异，则在控制个人特征变量后完全消除。

不平等的根源

尽管财产拥有与多数个人特征因素之间存在明显的相关性，但这些可观察到的因素只能解释不平等的很小一部分。表 8.4 中报告的 R^2 值表明，可观察的个人特征只能解释所报告的财产拥有水平方差中的不到 30%。无论人口如何划分，绝大多数财富拥有水平的变化都发生在群体内部，而不是群体之间。在本节，我们将利用泰尔（Theil）不平等指数将观察值结果标准化，以便将不平等划分为组内不平等和组间不平等。

迄今为止，我们所构建的衡量不平等的指标只反映了财富分配的一部分差异，并没有捕捉到所有的差异。为了解决这一问题，学者们开发了一些统计方法，旨在全面总结收入或财富分配的问题。其中最著名的是基尼指数和泰尔指数。我们在本节选择使用泰尔指数，原因在于它可以进行线性分解以表示研究对象群体中不同子群体的组内不平等和组间不平等的相对贡献。

对于选定的总体，泰尔指数的计算方法如下：

$$T = \frac{1}{n}\sum_{i=1}^{n}\frac{w_i}{\mu}\ln\left(\frac{w_i}{\mu}\right) \tag{8.1}$$

其中，n 代表观测值数量，w_i 代表个体 i 的财富，μ 代表平均财富，我们

表 8.4 关于 1870 年所拥有财产价值决定因素的 OLS 估计结果

	不动产			动产			总财产		
	系数	标准差	P > |t|	系数	标准差	P > |t|	系数	标准差	P > |t|
个人特征									
黑人	−0.4779	0.0452	0.000	−0.4549	0.0469	0.000	−0.6976	0.0288	0.000
女性	−0.5366	0.0338	0.000	−0.7607	0.0448	0.000	−0.6188	0.0384	0.000
外国出生	−0.1660	0.0144	0.000	−0.3188	0.0149	0.000	−0.1271	0.0141	0.000
受教育	0.6809	0.0203	0.000	0.4846	0.0182	0.000	0.7028	0.0178	0.000
残疾	−0.8604	0.1932	0.000	−0.8103	0.1812	0.000	−0.7486	0.173	0.000
年龄	0.0732	0.0026	0.000	0.0636	0.0028	0.000	0.1032	0.0025	0.000
年龄的平方项	−0.0006	0.0000	0.000	−0.0006	0.0000	0.000	−0.0008	0	0.000
城市化ᵃ									
生活在人口 2.5 万~10 万的城市	0.6846	0.0337	0.000	0.21	0.0468	0.000	0.1724	0.0344	0.000
生活在人口 10 万以上的城市	0.99	0.0288	0.000	0.5157	0.0402	0.000	0.0216	0.0273	0.282
职业ᵇ									
专业人士	1.2589	0.0433	0.000	1.3570	0.0466	0.000	1.4809	0.0402	0.000
农民	0.6035	0.0183	0.000	0.6131	0.0198	0.000	0.8310	0.0183	0.000
文员	0.5027	0.0747	0.000	0.5046	0.0986	0.000	0.4693	0.0725	0.000
销售人员	0.5004	0.0631	0.000	0.5298	0.075	0.000	0.4054	0.0571	0.000
管理人员	1.0193	0.0287	0.000	1.5474	0.0344	0.000	1.3661	0.0288	0.000
操作工	−0.0689	0.0282	0.014	0.0297	0.0329	0.366	−0.1364	0.0266	0.000
苦力工	−0.4422	0.0257	0.000	−0.3655	0.0289	0.000	−0.5179	0.0224	0.000

续表

	不动产			动产			总财产		
	系数	标准差	P > |t|	系数	标准差	P > |t|	系数	标准差	P > |t|
服务员	0.1922	0.0722	0.008	0.2157	0.0865	0.013	-0.0044	0.0608	0.942
无业	0.7321	0.0404	0.014	0.9201	0.0483	0.000	0.8722	0.0419	0.000
地区 c									
中大西洋地区	0.3254	0.0212	0.000	0.0429	0.0244	0.079	0.0546	0.0209	0.009
东北部地区	0.1403	0.0205	0.000	-0.1999	0.0232	0.000	-0.0441	0.0201	0.028
西北部地区	-0.0798	0.0244	0.001	-0.1429	0.0256	0.000	-0.2083	0.0232	0.000
南大西洋地区	-0.5663	0.0253	0.000	-0.5204	0.028	0.000	-0.6843	0.0249	0.000
东南部地区	-0.5719	0.0267	0.000	-0.2838	0.0283	0.000	-0.6155	0.0252	0.000
西南部地区	-0.7640	0.035	0.000	-0.4317	0.0355	0.000	-0.7129	0.0313	0.000
山区	-1.1262	0.0611	0.000	-0.2681	0.0738	0.000	-0.6418	0.0622	0.000
太平洋地区	-0.0544	0.0448	0.225	0.1431	0.0564	0.011	-0.0092	0.048	0.849
常数项	4.0618	0.069	0.000	4.0638	0.0715	0.000	3.5891	0.0625	0.000
调整后的 R^2	0.2845			0.2306			0.3277		
观测值数量	36462			32117			52103		

注：a. 生活在人口少于 2.5 万人的城市的居民被排除在外。b. 熟练技术工人被排除在外。c. 新英格兰地区被排除在外。各个回归中的因变量是所拥有的财产的对数。仅对申报的财产数额为正的样本进行回归分析（对于动产而言，这一标准为动产总额高于或等于 100 美元）。标准误差使用 Huber-White 的方法进行了修正以减小异方差所造成的影响。

资料来源：Ruggles et al.（2004）。

定义 $0 \times \ln(0)$ 为 0。在财富分配完全平等的情况下，泰尔指数为 0。

当财富分配完全不平等时，即某一个人拥有全部财富，则泰尔指数等于 $\ln(n)$。泰尔指数可以针对任何有穷尽的子群体分解为对子群体内部和子群体之间不平等的相对贡献。若总体有 G 个子群体，T_j 表示使用式（8.1）针对子群体 j 内部的个体计算的泰尔指数，则总体不平等可表示为：

$$T = \sum_{j=1}^{G} \frac{n_j \mu_j}{n\mu} T_j + \sum_{j=1}^{G} \frac{n_j \mu_j}{n\mu} \ln\left(\frac{\mu_j}{\mu}\right) \tag{8.2}$$

其中，n_j 是子群体 j 中的观测值数量，μ_j 是子群体 j 中的财富数额均值。需要注意的是，每次求和的第 1 项都是相同的，且均等于子群体 j 拥有的财富在总财富中所占的比例。因此，分解中的第 1 项是各子群体内部不平等的加权和，并被用于衡量各子群体内部的不平等程度，其中，权重是各子群体拥有的财富在总财富中所占的比例。第 2 项是各子群体平均财富与总体平均财富之比的对数的加权和，被用于衡量群体间的不平等程度。

美国各州的泰尔指数变化与我们在表 8.2 中考虑的不平等指标非常相似，即 1% 最富有的人所拥有的财富占总财富的比例的变化模式非常相似。图 8.1 将每个州的泰尔指数作为 1% 最富有的人所拥有的财富占总财富比例的函数，并绘制出了两者间的散点图。

这两个指标并不完全相关的事实从侧面反映出了一些关于财富分配的信息，这些信息能被泰尔指数捕获，但在我们只关注富人所拥有的财产时，这些信息会被忽略。

在开始研究不平等的来源之前，我们先看一下不同人口子群体内部的财富分配不平等情况。表 8.5 中显示了根据种族、国籍、年龄、职业、居住地城市化水平和地区划分的各子群体的泰尔指数。分解结果显示出许多关于财富积累模式的有趣特征。第一，随着年龄的增长，不动产的分配会变得越来

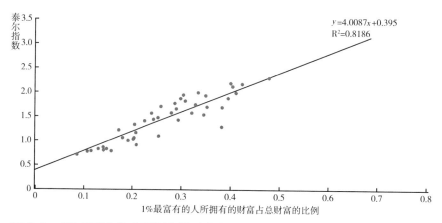

图 8.1　1% 最富有的人所拥有的财富占总财富的比例与泰尔指数之间的关系

越公平，但动产的分配会越来越不平等，而将二者结合在一起看会发现年龄与不平等之间的关系相对较小。第二，黑人内部的不平等要比白人内部的不平等严重得多。第三，在本土出生的人和在外国出生的人在不平等方面几乎没有差别。第四，人口规模较大的城市（人口超过 2.5 万）的不平等比较小的城市更严重。第五，不同职业群体之间的不平等程度存在显著差异。正如人们所预料的那样，农民群体的财富分配最为平等。但有趣的是，苦力工是财富分配最不平等的职业之一。第六，地区之间财富分配的不平等与前面提到的类似，西南部地区的不动产分配不平等程度最高，而新英格兰地区的动产分配不平等程度最高。

表 8.5　1870 年特定人口群体的组内不平等程度

	观测值数量	组内泰尔指数		
		不动产	动产	总财产
按年龄分组				
0~19	534	3.388	2.777	2.697
20~29	13854	2.045	1.472	1.563
30~39	20616	1.701	1.524	1.433
40~49	18115	1.536	1.988	1.507

	观测值数量	组内泰尔指数		
		不动产	动产	总财产
50~59	12699	1.408	1.929	1.4
60~69	9749	1.502	2.22	1.542
按种族分组				
白人	66069	1.563	1.89	1.482
黑人	9498	3.697	2.299	2.698
按职业分组				
其他职业	8442	2.174	2.6	2.086
专业人士	1838	1.499	1.327	1.234
农民	27673	0.98	1.017	0.876
管理人员	4375	1.566	1.74	1.446
文员	573	1.502	1.932	1.352
销售人员和书记员	987	2.744	1.831	2.221
技术工人	9216	1.588	1.604	1.37
操作工	6311	2.033	1.941	1.741
服务员	1460	2.57	2.277	2.13
苦力工	14692	2.535	1.827	1.956
按国籍分组				
美国人	56405	1.641	1.951	1.56
外国人	19162	1.839	2.137	1.724
按城市化水平分组				
人口不足 2.5 万	64247	1.436	1.692	1.345
人口为 2.5 万~10 万	3330	2.283	2.892	2.271
人口超过 10 万	7990	2.791	2.858	2.567
按地区分组				
新英格兰地区	7225	1.564	2.405	1.732
中大西洋地区	17351	1.624	2.035	1.555
东北部地区	17702	1.26	1.568	1.195
西北部地区	7226	1.379	1.2	1.18

	观测值数量	组内泰尔指数			续表
		不动产	动产	总财产	
南大西洋地区	11351	2.255	2.216	2.069	
东南部地区	8375	2.07	1.812	1.797	
西南部地区	4076	2.686	1.738	2.101	
山区	761	1.877	1.852	1.61	
太平洋地区	1500	2.464	2.014	2.045	

注：有关泰尔指数计算公式的详细信息请参阅正文。

资料来源：Ruggles et al.（2004）。

对于表 8.5 中报告的每一项分类而言，可以使用式（8.2）将根据全部人口得到的总体不平等分摊为每个子群体内部的不平等和不同子群体之间的不平等。表 8.6 报告了相应各项的相对贡献值，结果表明几乎所有的财富分配不平等都发生在各子群体内部，而不是各子群体之间。在全部人口中，总体的财富分配不平等程度的泰尔指数为 1.60。以地区分类为例，各个人口普查部门所属地区内部的不平等指数汇总起来只占总数的 94.7%，而各人口普查部门所属地区之间平均财富的差异只占总数的 5.3%。很明显，几乎所有的不平等都发生在群体内，而不是群体间。除一种情况外，财富分配的不平等，90% 或更多是由群体内部所拥有财富的差异造成的。这个唯一例外发生在对职业群体的分类，其中群体间的不平等约占总体不平等的 20%。

不平等的地域差异的相关因素

我们研究财富和收入不平等变化是为了更好地理解导致美国经济的不平等程度发生历史性变化的机制，1870 年美国财富分配不平等中显著的截面变化为我们的研究提供了一个契机。

表 8.6　1870 年各特定子群体因组内不平等和组间不平等而引起的国家整体财富分配不平等

	不动产		动产		总财产	
	组内不平等	组间不平等	组内不平等	组间不平等	组内不平等	组间不平等
按年龄分组	1.554	0.133	1.896	0.103	1.477	0.123
按种族分组	1.572	0.115	1.893	0.105	1.488	0.112
按职业分组	1.414	0.273	1.566	0.432	1.289	0.311
按国籍分组	1.684	0.003	1.985	0.013	1.594	0.006
按城市化水平分组	1.678	0.009	1.972	0.027	1.586	0.014
按地区分组	1.598	0.089	1.903	0.095	1.516	0.084
占总体不平等程度的比重（%）						
按年龄分组	92.1	7.9	94.8	5.2	92.3	7.7
按种族分组	93.2	6.8	94.7	5.3	93	7
按职业分组	83.8	16.2	78.4	21.6	80.6	19.4
按国籍分组	99.8	0.2	99.3	0.7	99.6	0.4
按城市化水平分组	99.5	0.5	98.7	1.3	99.1	0.9
按地区分组	94.7	5.3	95.2	4.8	94.7	5.3

注：更多信息请参阅正文。
资料来源：Ruggles et al.（2003）。

　　19 世纪，伴随着工业化而来的经济转型在美国不同地区以不同的速度进行着。截至 1870 年，马萨诸塞州和纽约州近 35% 的人口居住在人口超过 2.5 万的城市，这是全国平均水平（11%）的 3 倍多。与之类似的是，虽然制造业从业人员仅占全国就业人口的 7%，但在马萨诸塞州和罗得岛州中有超过 20% 的人口从事制造业。尽管在以农业为主的地区外国出生的人口更多，但不得不说工业化和城市化与高移民率密切相关。

　　当然，把这种横向对比结果与真实的时间序列观测结果等同起来是不恰当的。一方面，群体内部的情况会随着时间而改变。另一方面，州与州之间在某个时间点上的相互作用（由州际移民和贸易引起）也会导致横向对比结果和时间序列关系不同。尽管如此，在缺乏 21 世纪财富分配不平等的有关时间序列数据的情况下，探索财富分配不平等的截面关系仍具有启示意义。

利用 1870 年的 IPUMS 总体样本，我们为每个州构建了许多关于人口特征的衡量指标。其中包括：人口平均年龄、黑人占总人口比例、外国出生比例、受教育率、居住在人口超过 2.5 万的城市和从事制造业的人口比例。这些变量中有几个是高度相关的，因此将它们全都包含在回归模型中没有意义。

在经过一些实验后，我们发现，可以用少量的州特征变量来解释财富分配不平等的州际变化中的很大一部分。表 8.7 报告了若干州 OLS 回归估计结果，其中因变量是分别针对不动产、动产和总财产计算的泰尔指数。在这些回归中，我们剔除了 4 个样本量最少的州（1870 年 IPUMS 样本中户主少于50 人的州），以减少样本量太小而产生的误差。表 8.7 底部报告了回归中因变量和自变量的描述性统计结果。

表 8.7　1870 年对各州财富分配不平等程度决定因素的 OLS 估计结果

	设定 1		设定 2		设定 3	
	系数	标准误	系数	标准误	系数	标准误
不动产分配不平等程度						
黑人占总人口比例	**2.805**	0.354	**1.901**	0.506	**2.010**	0.518
生活在人口超过 2.5 万的城市的人口比例	**0.916**	0.365	**1.085**	0.351	**1.149**	0.357
从事制造业的人口比例	**2.856**	0.755	**3.973**	0.853	**4.537**	1.024
受教育率			−1.544	0.649	−1.201	0.734
平均年龄（岁）					−0.041	0.041
常数	**0.979**	0.114	1.859	0.385	**2.557**	0.799
调整后的 R^2	0.638		0.677		0.677	
动产分配不平等程度						

续表

	设定 1		设定 2		设定 3	
	系数	标准误	系数	标准误	系数	标准误
黑人占总人口比例	**1.098**	0.461	−0.539	0.61	−0.844	0.585
生活在人口超过 2.5 万的城市的人口比例	**1.361**	0.475	**1.668**	0.424	**1.489**	0.404
从事制造业的人口比例	0.922	0.983	**2.944**	1.028	1.363	1.157
受教育率			−2.796	0.782	**−3.758**	0.83
平均年龄（岁）					**0.114**	0.046
常数	**1.367**	0.148	2.961	0.464	1.005	0.903
调整后的 R^2	0.237		0.418		0.488	
总财产分配不平等程度						
黑人占总人口比例	**1.985**	0.355	0.744	0.471	0.619	0.479
生活在人口超过 2.5 万的城市的人口比例	**1.185**	0.365	**1.418**	0.327	**1.344**	0.33
从事制造业的人口比例	1.152	0.756	**2.685**	0.795	**2.036**	0.947
受教育率			**−2.120**	0.604	**−2.514**	0.679
平均年龄（岁）					0.047	0.038
常数	**1.042**	0.114	**2.251**	0.359	**1.449**	0.739
调整后的 R^2	0.514		0.625		0.631	

统计概要					
变量	观测值个数	均值	标准方差	最小值	最大值
不动产分配不平等程度	42	1.712	0.637	0.757	3.668
动产分配不平等程度	42	1.747	0.572	0.843	3.104
总财产分配不平等程度	42	1.546	0.551	0.721	2.986
黑人占总人口比例	42	0.139	0.187	0	0.59
生活在人口超过 2.5 万的城市的人口比例	42	0.11	0.168	0	0.857
从事制造业的人口比例	42	0.085	0.089	0.01	0.488
受教育率	42	0.563	0.174	0.135	0.85
平均年龄（岁）	42	23.672	2.619	20.534	29.57

注：加粗的系数在 95% 以及更高置信水平上具有统计显著性。

资料来源：Ruggles et al.（2004）。

　　在针对各州不动产和总财产的回归中，州特征变量能够解释财富分配不平等中将近 2/3 的变化，而在针对动产的回归中，州特征变量能够解释不平等将近 1/2 的变化。哪种设定能够达到更好的拟合程度以及不平等与解释变量之间的关系因我们所分析的财产类型而不同。我们的首选设定（设定 1）包括黑人占总人口比例（衡量奴隶制遗存的代理变量）以及从事制造业的人口比例和生活在人口超过 2.5 万的城市的人口比例。

　　生活在人口超过 2.5 万的城市的人口比例和黑人占总人口比例的回归系数始终为正，且具有统计和经济显著性，但从事制造业的人口比例只有在针对不动产分配不平等程度时具有显著意义[8]。当我们以是否为南部州的虚拟变量替代黑人占总人口比例时，南部州的虚拟变量的回归系数显著为正，但是当我们同时将黑人占总人口比例和南部州的虚拟变量引入回归中时，南部州的虚拟变量则不再具有显著性，这表明黑人占总人口比例和财富分配不平等之间的关系在很大程度上要基于南方各州内部的变化。

　　增加受教育率（设定 2）将大大增强模型的解释能力，特别是对于解释动产分配不平等而言。此外，黑人占总人口比例的系数大小和显著性下降，使得这一变量仅在一种情况下显著，即针对不动产财富分配不平等的情况。不同州的受教育率和黑人占总人口比例之间存在很强的负相关关系，二者之间的简单相关系数为 −0.78。但非常明显的是，与黑人占总人口比例相比，受教育率与财富分配不平等之间的相关关系更加紧密。增加受教育率变量也会加大从事制造业的人口比例的系数和显著性，目前该系数为正值，且在 3 个衡量不平等的指标上都具有统计显著性。

　　加上人口的平均年龄这一变量（设定 3）仅会略微增强模型的解释能力，而且该变量只在针对动产分配不平等程度的回归分析中具有统计显著性。虽然添加人口平均年龄变量并不会对其他解释变量的估计效果产生重大影响，但确实增加了其中几个变量的标准误差。

根据表 8.7 中的回归结果，可以得出如下结论。首先，城市化与工业化进程与不平等程度呈正相关关系，这与 Kuznets（1955）的假设一致。城市化对 3 种设定中所有衡量不平等程度的指标都具有显著的影响。工业化对这些衡量不平等程度的指标并不具有同样显著的影响，但控制了受教育率变量后，我们发现从事制造业的人口比例与衡量不平等程度的 3 个指标之间均存在统计学上显著的正相关关系。这种关系不是简单地由于城市的不平等程度更高而导致的局部影响。仅对乡镇地区（人口少于 2500）的居民进行分析可以发现，各州乡镇居民的不平等程度与城市化和工业化水平之间的正相关关系比对各州总人口进行分析得出的结果更加显著。换言之，各州城市化和工业化程度加剧了这些州农村居民中的财富分配不平等。

其次，虽然奴隶制已经被废除了，但是奴隶制的残留因素仍对 1870 年的财富分配有着显著的影响。这种影响在不动产的分配方面非常明显，在控制城市化和工业化变量之后，黑人占总人口比例越高的州，不平等程度越高。而奴隶制的残留对动产分配的影响则不太明显。将受教育率指标纳入分析后，不平等程度与黑人占总人口比例之间的关系有所弱化，表明这可能是奴隶制影响财富积累的一个重要机制。

结　论

1850~1870 年美国人口普查中收集的有关动产和不动产的数据为研究 19 世纪美国财富积累和不平等程度提供了珍贵机会。将 1870 年财富分配不平等的整体程度与近期建立的 20 世纪的时间序列数据进行比较可以发现，整体而言，1870 年的财富分配比 20 世纪初更为平等。因此，财富分配不平等程度随着时间的推移呈现倒 U 形，这与库兹涅茨的推测一致。同时这一结果也与 19 世纪马萨诸塞州的时间序列证据相吻合，即 19 世纪末期财富分配不平等程度一直保持上升的趋势。

利用 IPUMS 大样本数据，我们可以对财富分配不平等的空间差异模式进行分类检验。正如本章已展示的那样，美国各州的不平等程度差别很大。通过分析这种截面差异，我们发现这种差异可以证明经济发展与财富分配不平等加剧之间存在关联。在跨州回归分析中，我们的研究发现工业化和城市化的衡量指标与不平等程度指标正相关。但是，工业化并不是唯一的影响因素。财富分配不平等程度最高的州在南部，而 1970 年南部各州城市化程度较低且高度依赖农业。但是奴隶制的遗留和受教育率的影响可以解释这个例外情况。尽管已经废除了奴隶制，但内战结束后奴隶制孕育的财富分配不平等现象延续下来。

除了研究财富分配不平等程度的空间差异之外，我们还研究了各种人口子群体的财富拥有模式。研究结果既表明财富积累遵循与个人特征相关的某些可预测模式，也说明即使在相同的人口群体中财富拥有状况也存在很大差异。即使在控制了大量个人特征变量之后，我们也只能解释个人财富拥有水平差异中的大约 1/3。

注 释

*感谢汤姆·韦斯、约瑟夫·菲瑞、李·克雷格的大量建设性意见。感谢西北大学经济史研讨会、加州大学关于新经济不平等历史的全体与会人员以及 NBER-DAE 暑期研究所提供的帮助。如果没有 1870 年人口普查的 IPUMS 样本数据，我们将很难完成为此次研究。

1. 根据美国国税局（Internal Revenue Service）的数据，Piketty 和 Saez

（2003）发现收入不平等程度大致呈现 U 形状态：收入不平等程度在美国 20
世纪 30 年代的大萧条和二战期间急剧下降，之后迅速回升。起初不平等程度
的上升较为缓慢，但在过去几十年中上升非常迅速，到 20 世纪末已升至 20
世纪初的水平。与收入不平等程度一样，财富分配不平等程度在 20 世纪 30
年代和 40 年代也出现了急剧下降，但与收入不平等程度相反的是，Kopczuk
和 Saez（2004）的证据显示，20 世纪末和 21 世纪初的财富分配不平等程度
并没有相应上升。

　　2. Soltow（1975）基于 3 个日期的全国人口普查样本，对财富积累和分
配进行了较为全面的讨论。但是他的数据样本量与 IPUMS 中收集的样本量
相比非常小，因此限制了其对不同人口群体或地理区域的数据进行分类研究
的能力。Steckel（1990）使用 1850 年与 1860 年的人口普查数据，匹配得出
约 1500 个观察样本，研究了 19 世纪 50 年代的财富积累，而 Ferrie（1999）
则利用 1850 年和 1860 年移民和当地人的样本追踪职业变化、地理位置变化
与财富分配变化的影响。Atack 和 Bateman（1981）根据 1860 年大约 21000
个北方农村家庭的样本分析了生命周期内的财富积累。

　　3. 在 1870 年的人口普查中，人口调查员没有记录家庭成员之间的相互
关系，但相关说明规定应在每份家庭记录中首先填入户主姓名，然后再填入
其他家庭成员姓名。基于这一事实，IPUMS 的编译者已经构建了家庭关系变
量以及其他人口统计变量。

　　4. 为了评估截断对数据的影响，我们构建了一个假设的动产变量，通过
财富少于 100 美元之人在 1860 年的财富分配模式，将非零值分配给记录显示
1870 年没有动产之人的部分人口。然后分别利用实际数据和假设数据衡量每
个州的总财富和财富分配，发现二者的结果非常相似。

　　5. 由于空间限制，无法报告关于这些平均值的差异的统计检验，但三大
南方人口普查机构和北方人口普查部门之间的差异在 95% 的置信水平上具有

统计显著性。

6. 对于连续变量而言，转换后的系数是根据自变量均值计算的概率函数的斜率。对于 0-1 虚拟变量，我们报告了将特定虚拟变量的值从 0 改为 1 所导致的概率变化。

7. 因为回归中的因变量是获得申报的财富的自然对数，所以有必要将系数值指数化从而计算精确的数值差异百分比。

8. 我们评估经济显著性的基础是计算每个变量变化一个标准差所产生的隐含影响。对于总财富，从事制造业的人口比例每增加一个标准差将使泰尔指数增加 0.18，即略高于各州泰尔指数的未加权均值 0.1。

参考文献

Atack, J. and Bateman, F. (1981), "Egalitarianism, Inequality, and Age: The Rural North in 1860", *Journal of Economic History* 41（1）: 85–93.

Ferrie, J. P. (1999), *Yankees Now: Immigrants in the Antebellum United States, 1840–1860,* New York and Oxford: Oxford University Press.

Kopczuk, W. and Saez, E. (2004), "Top Wealth Shares in the United States, 1916–2000: Evidence from Estate Tax Returns", *National Tax Journal* 57（2）: 445–487.

Kuznets, S. (1955), "Economic Growth and Income Inequality", *American Economic Review* 45（1）: 1–28.

Piketty, T. and Seaz, E. (2003), "Income Inequality in the United States, 1913–1998", *Quarterly Journal of Economics* 118（1）: 1–39.

Ruggles, S., Sobek, M., Alexander, T., Fitch, Catherine, A., Goeken, R., Hall, P. Kelly, K., Miriam and Ronnander, C. (2004), Integrated Public Use Microdata Series: Version 3.0, Minneapolis: Historical

Census Projects, University of Minnesota, 2003 http://www.ipums.org.

Soltow, L. (1975), *Men and Wealth in the United States, 1850–1870*, New Haven, CT and London: Yale University Press.

Steckel, R. (1990), "Poverty and Prosperity: A Longitudinal Study of Wealth Accumulation, 1850–1860", *Review of Economics and Statistics* 72（2）: 275–285.

Steckel, R. (1994), "Census Manuscript Schedules Matched with Property Tax Lists: A Source of Information on Long-Term Trends in Wealth Inequality", *Historical Methods* 27（1）: 71–85.

Steckel, R. H. and Moehling, C. M. (2001), "Rising Inequality: Trends in the Distribution of Wealth in Industrializing New England", *Journal of Economic History* 61（1）: 160–183.

Williamson, J. G. and Lindert, P. (1980), *American Inequality: A Macroeconomic History,* New York: Academic Press.

图书在版编目(CIP)数据

量化经济史：统计的作用 / (美) 乔舒亚·L.罗森
布卢姆 (Joshua L.Rosenbloom) 主编；易行等译. --
北京：社会科学文献出版社，2021.6
（量化经济史经典译丛）
书名原文：Quantitative Economic History：The
Good of Counting
ISBN 978-7-5201-8503-5

Ⅰ. ①量⋯　Ⅱ. ①乔⋯ ②易⋯　Ⅲ. ①量化分析-应
用-经济史-研究　Ⅳ. ①F1

中国版本图书馆CIP数据核字（2021）第110588号

·量化经济史经典译丛·

量化经济史：统计的作用

主　　编 / 〔美〕乔舒亚·L. 罗森布卢姆（Joshua L. Rosenbloom）
译　　者 / 易　行　汪元盛　张屿涵　王　维

出 版 人 / 王利民
组稿编辑 / 高　雁
责任编辑 / 颜林柯

出　　版 / 社会科学文献出版社·经济与管理分社（010）59367226
　　　　　　地址：北京市北三环中路甲29号院华龙大厦　邮编：100029
　　　　　　网址：www.ssap.com.cn
发　　行 / 市场营销中心（010）59367081　59367083
印　　装 / 三河市尚艺印装有限公司

规　　格 / 开　本：787mm×1092mm 1/16
　　　　　　印　张：16　字　数：208千字
版　　次 / 2021年6月第1版　2021年6月第1次印刷
书　　号 / ISBN 978-7-5201-8503-5
著作权合同
登 记 号 / 图字01-2019-1971号
定　　价 / 98.00元